中国慈善联合会
CHINA CHARITY ALLIANCE

中国慈善信托
发展报告 2020

China Charity Trust Development Report 2020

中国慈善联合会慈善信托委员会 编

中国社会出版社
国家一级出版社 · 全国百佳图书出版单位

图书在版编目（CIP）数据

中国慈善信托发展报告.2020／中国慈善联合会，慈善信托委员会编.—北京：中国社会出版社，2021.11

ISBN 978-7-5087-6611-9

Ⅰ.①中… Ⅱ.①中… ②慈… Ⅲ.①慈善事业-信托-研究报告-中国-2020 Ⅳ.①D632.1

中国版本图书馆 CIP 数据核字（2021）第 253164 号

书　　名：中国慈善信托发展报告（2020）
ZHONGGUO CISHANXINTUO FAZHANBAOGAO（2020）

编　　者：中国慈善联合会慈善信托委员会

出 版 人：浦善新

终 审 人：李　浩

责任编辑：陈　琛

出版发行：中国社会出版社　**邮政编码：**100032

通联方式：北京市西城区二龙路甲 33 号

电　　话：编辑室：（010）58124835
销售部：（010）58124835
（010）58124836

网　　址：shcbs.mca.gov.cn

经　　销：各地新华书店

中国社会出版社天猫旗舰店

印刷装订：北京华创印务有限公司

开　　本：170mm×240mm　1/16

印　　张：10.25

字　　数：105 千字

版　　次：2021 年 11 月第 1 版

印　　次：2021 年 11 月第 1 次印刷

定　　价：42.00 元

中国社会出版社微信公众号

目　录

第一部分　权威发布

第二部分　专家解读

第三部分　案例分享

第一部分
权威发布

2020 年中国慈善信托发展报告

一、慈善信托发展历程回顾

自 2016 年 9 月 1 日《中华人民共和国慈善法》(以下简称《慈善法》)施行以来，慈善信托作为一种全新的慈善方式，无论是数量、规模还是影响力都取得了长足的发展。回顾过去 4 年，慈善信托持续朝着更专业、更透明、更高效的方向前进，不断满足人民日益增长的美好生活需要，助力打赢精准脱贫攻坚战，推动高质量发展，彰显重要社会价值。

2016 年是慈善信托的初创元年。《慈善法》的颁布，为慈善信托的发展奠定了坚实的法律基础，与《中华人民共和国信托法》(以下简称《信托法》)一起成为慈善信托开展的法律依据。《慈善法》的颁布引起强烈的社会反响，在其后短短 4 个月内，就有 19 家信托机构作为受托人备案 22 单慈善信托，信托目的涵盖教育、环保、扶贫、恤病等多个慈善方向。全国首单双受托人慈善信托落地，这一模式也成为后来慈善信托开展的重要模式之一。

2017 年是慈善信托的抢滩试水年。《慈善信托管理办法》出台，全国慈善信息公开平台——“慈善中国”正式上线，全国首个地方性“慈善信托管理办法”《江苏省慈善信托备案管理实施办法》出炉，慈善信托的基础设施建设进一步完善。32 家信托公司和慈善组织在全国 17 个省份备案 45 单慈善信托，备案规模达 5.88 亿元，全国首单股权慈善信托和全国首单艺术品慈善信托落地，慈善信托的财产类型进一步丰富。

2018 年是慈善信托的初具规模年。经过前两年的探索和尝试，慈善信托在 2018 年迎来一个发展的高峰，无论是数量还是金额都初具规模。新设慈善信托 87 单，同比增长 93%；新设慈善信托规模达 11.58 亿元，同比增长 97%。当年成立两单亿元慈善信托，其中“鲁冠球三农扶志基金慈善信托”财产为 6 亿元股权，是迄今为止我国备案规模最大的慈善信托，该信托在财产规模、财产类型以及信托机制设计等方面均有所创新，为股权慈善信托的设立及管理提供了宝贵的借鉴。2018 年，慈善信托积极响应党的十九大提出打赢三大攻坚战的号召，充分发挥制度优势和专业化优势，通过产业扶贫、教育扶贫、就业扶贫等多种方式聚焦精准扶贫，探索脱贫的有效路径，取得丰硕的成果。

2019 年是慈善信托的稳健增长年。慈善信托新增数量进一步增加，达到 126 单；慈善信托累计备案规模达 29.29 亿元。慈善信托作为一种现代化、专业化、与金融相结合的慈善方式，逐步成为慈善组织、金融机构及社会公众参与慈善事业的重要渠道。慈善信托在聚焦扶贫的同时，开始给予科教、文化等领域更多的关注。受托机构在发展慈善信托方面也不断探索新的模式，品牌化发展和“慈善信托+慈善组织”双平台运作模式成为趋势。

经过 4 年的发展，慈善信托财产来源日益丰富，财产类型趋于多元，信托目的更加精准，机制设计逐步完善，运营管理不断规范，业务模式持续创新，为慈善信托在日后更加积极有为地参与社会公共治理、体现社会价值奠定了坚实基础。

二、2020 年慈善信托业务数据面面观

经过不断的发展，我国慈善信托迎来高速前进的新时期，慈善信托模式不断丰富，资金规模不断攀升。据“慈善中国”网站数据显示，截至 2020 年 12 月 31 日，累计慈善信托备案突破“500 单”大关，财产规模站上“30 亿”平台。全国历年累计备案慈善信托 537 单，财产规模达 33.19 亿元。我国慈善信托的公众化程度日益提升，在相关政策支持下，越来越多的社会公众有了参与慈善事业的积极性和热情，增加了对慈善的诉求。

(一)慈善信托数量迅猛增长

1. 新增慈善信托数量猛增而规模继续下降

2020年我国新增慈善信托257单，较2019年增长了103.97%，占总备案慈善信托数量的47.86%。2020年新增慈善信托财产规模3.90亿元，较2019年下降了57.53%。尽管2020年新增慈善信托数量达到历史高点，但新增财产规模却明显下降，主要原因为新增单笔慈善信托财产规模集中在百万元以下，且未新设亿元级的慈善信托，也是《慈善法》施行以来首次出现当年度无新设亿元级慈善信托的情况。①

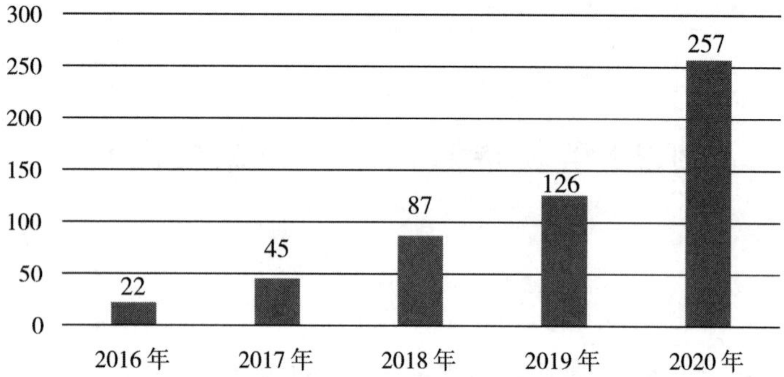

图1　2016—2020年新设慈善信托数量（单）

2. 单笔慈善信托规模较小

2016—2020年备案的慈善信托中，万元级的慈善信托有72单，占全部慈善信托的13.41%；十万元级的有263单，占比为

① 信托财产规模级别区间：0<万元及以下<100000；100000≤十万元级<1000000；1000000≤百万元级<10000000；10000000≤千万元级<100000000；亿元级≥100000000。

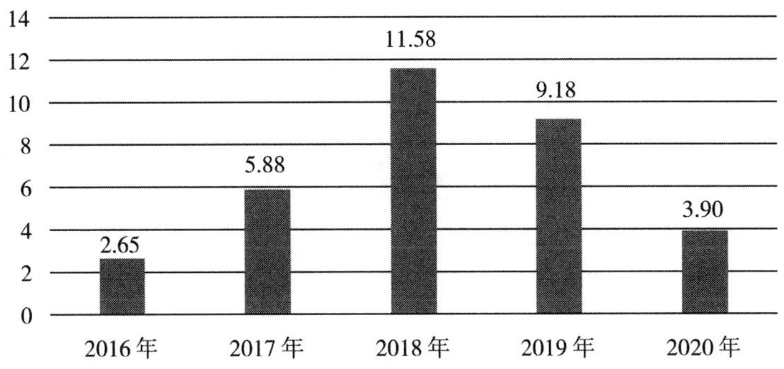

图 2　2016—2020 年新设慈善信托规模（亿元）

48.98%；百万元级的有 156 单，占比为 29.05%；千万元级的有 41 单，占比为 7.64%；亿元级的有 5 单，占比为 0.93%。十万元级和百万元级规模成为我国慈善信托中的主流。

2020 年备案的 257 单慈善信托中，万元级慈善信托 43 单，占比 16.73%，财产规模均值为 3.78 万元；十万元级的有 144 单，占比 56.03%，财产规模均值为 28.19 万元；百万元级慈善信托 56 单，占比 21.79%，财产规模均值为 218.92 万元；千万元级慈善信托 14 单，占比 5.45%，财产规模均值为 1606.17 万元；亿元级慈善信托 0 单。除了亿元级慈善信托以外，其他级别的慈善信托数量均较上年有一定增长，尤其是万元级、十万元级慈善信托增长迅速。

总体而言，我国慈善信托偏向于小规模化。理论上，慈善信托没有“门槛”，这是慈善信托的特点之一，也是大众参与的重要基础。当前，我国慈善信托仍处于逐步进入大众认知的阶段，多数参与的机构和个人抱持着“试水”的心态，通过小规模慈善

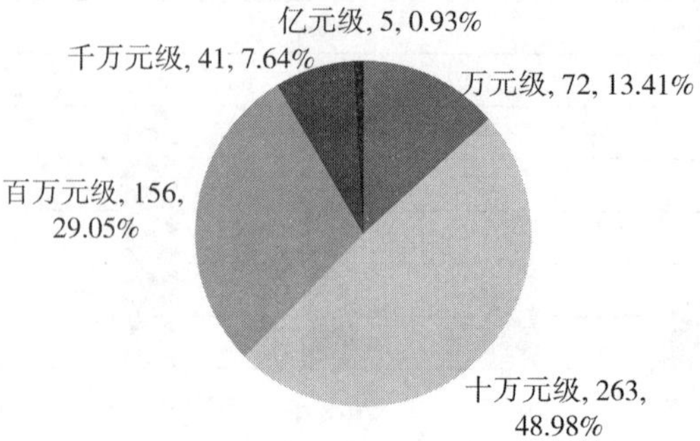

图 3　2016—2020 年慈善信托按规模的分布

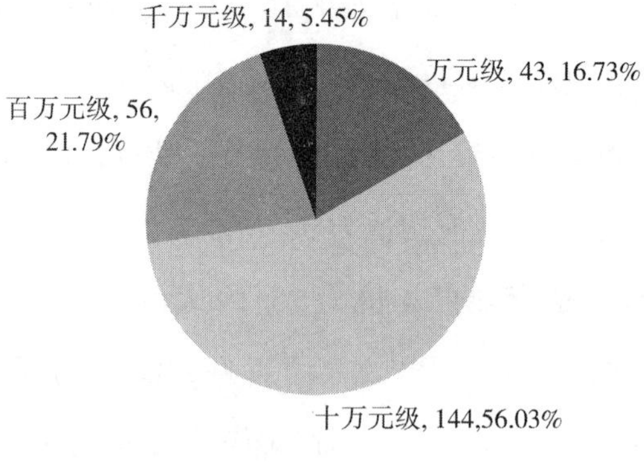

图 4　2020 年新增慈善信托按规模的分布

信托探索其在所关注的特定领域内的可行性，从而设计出“小而专”的慈善信托。另外，由于慈善信托可设计为开放式，委托人可对信托财产进行追加，所以在初期选择先以较小规模的财产完成信托设立，后续再根据运行效果和资助进度进行追加。例如，苏信·善举 2 号慈善信托，初始备案规模仅为 1 万元，经过两次

图 5　2016—2020 年各规模量级的慈善信托数量（单）

追加后，备案规模已达到 126 万元。

2020 年，共有 18 单慈善信托进行了信托财产的追加，追加规模合计 3028. 24 万元。这些慈善信托的备案年份涵盖从 2016 年到 2019 年中的各个年份，其中有 4 单在 2019 年也发生过追加。慈善信托的追加，特别是多次追加，是委托人对于慈善信托运营管理和资助效果认可度和满意度的最佳体现。

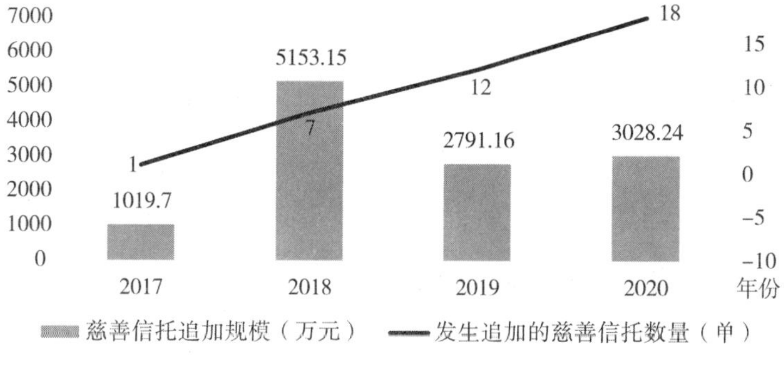

图 6　2017—2020 年追加信托财产的慈善信托数量和追加规模

第一部分　权威发布

（二）慈善信托期限趋于灵活

1. 无固定期限彰显信托灵活性

截至2020年底，我国全部537单慈善信托中，信托期限呈现结构多样化特征，以短期慈善信托为主力军。其中短期（5年期及以下）慈善信托共计267单，占比49.72%；中期（5~10年期）、长期（10年期以上）、永久存续及不设固定期限慈善信托分别占总体的8.94%、4.10%、19.93%和17.13%。2020年新增慈善信托中10年期以上的设立数量有所减少，其他期限的慈善信托数量都有所增加。短期（5年期及以下）慈善信托较2019年增加了61单，同比增长89.71%，其中51单以救助新型冠状病毒肺炎疫情为目的，可见短期慈善信托的数量增加主要受抗击疫情相关慈善信托增加推动，由于突发公共卫生事件的救助往往具有临时性和短期性的特点，因此短期慈善信托的增加符合2020年慈善信托发展的背景。此外，无固定期限慈善信托增加了55单，同比增长358.33%，慈善信托对于年度慈善支出没有限制，资助的进度可根据委托人的意愿有策略地进行安排，因此慈善信托不设置固定期限是慈善信托灵活性的直接体现，相信这样的期限设置方式将会成为慈善信托期限的主流。

2. 慈善信托多因信托目的实现而提前终止

实际上，由于慈善信托往往会设置多个终止条件，期限届满仅为其中一个条件，因此慈善信托的期限并不代表慈善信托真实的存续期限，而是代表着慈善信托存续期间的上限。慈善信托真

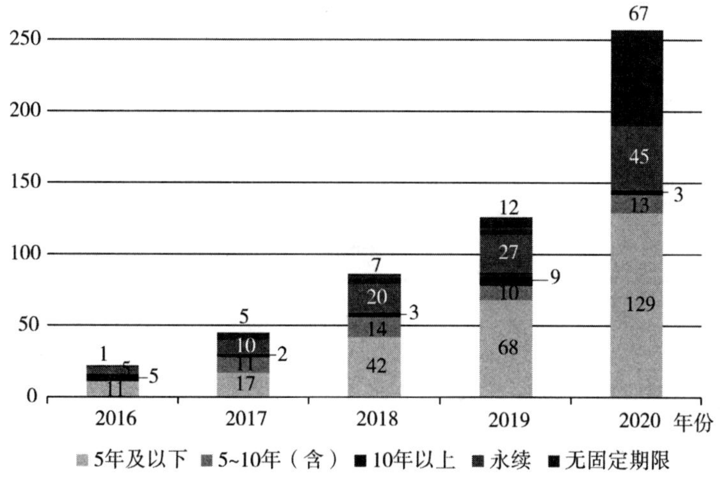

图 7　2016—2020 年慈善信托按期限的分布

正的存续期限反映在慈善信托的终止清算情况中。2016—2020 年共有 30 单慈善信托终止，其中 2020 年终止的慈善信托有 13 单。终止原因部分为信托期限届满，更多的是因信托目的已经实现而提前终止。这也从侧面反映出慈善信托的资助活跃、执行效率较高。

（三）慈善信托区域发展不均衡

2020 年全国共有 21 个省、自治区、直辖市备案慈善信托。其中，河北、湖北两省 2020 年首次进行慈善信托备案。甘肃省的备案数量增加 85 单，显著超过其他所有地区。甘肃省 2016 年以来备案总数量以 110 单超越了之前第一的浙江，领跑全国。浙江以 90 单的备案数量位居第二，北京、广东的备案数量以 42 单、

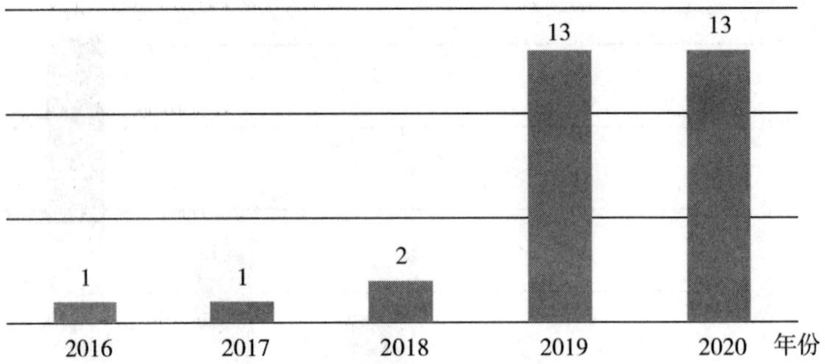

图 8　2016—2020 年清算的慈善信托数量（单）

38 单分列第三、第四。总体来看，全国绝大部分地区已经开展慈善信托，但地区之间发展较为不均衡。

从备案规模上来看，2016—2020 年累计备案规模最大的是浙江，备案规模达 10.43 亿元，甘肃和广东分别以 7.111 亿元和 7.109 亿元位居第二和第三。尽管上海和江苏的备案数量没有排行高位，但是其备案规模位列全国第五和第六，表明这两个地区备案的慈善信托单体规模较大，这一定程度上与当地较高的经济发展水平有关。

（四）社会组织委托人显著增加

1. 社会组织积极参与委托设立

2020 年，以社会组织为委托人的慈善信托有 89 单，同比增长 169.70%，备案规模为 12069.75 万元。以企业为委托人的慈善信托有 98 单，同比增长 81.48%，备案规模为 15139.69 万元。相比于过去大部分慈善信托由企业作为委托人的情况，2020 年社会

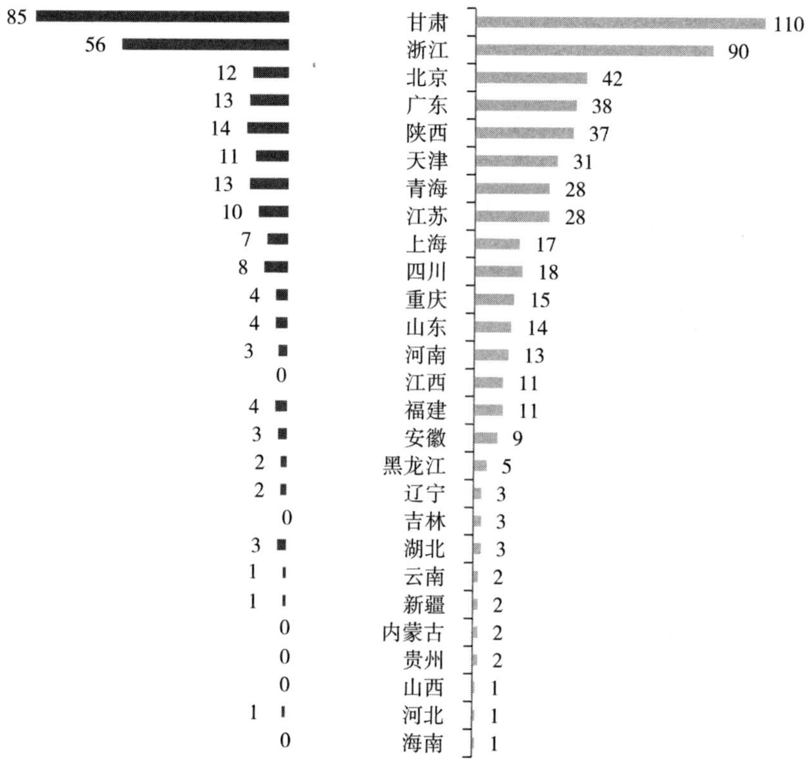

图 9　各省、自治区、直辖市 2020 年新增和 2016—2020 年累计慈善信托数量

组织的表现越发活跃，在慈善信托的设立方面与企业平分秋色。特别是 2020 年上半年，多个社会组织设立了为新冠肺炎疫情防控、治疗提供支持的慈善信托。

2020 年由社会组织作为委托人发起设立的慈善信托共涉及 66 家社会组织。其中，29 家为基金会，19 家为地方慈善总会，11 家为地方总工会或企业工会及工会委员会。

社会组织作为委托人设立慈善信托对于满足捐赠人享受税收优惠诉求、规划年度支出、实现慈善财产保值增值等具有重要作

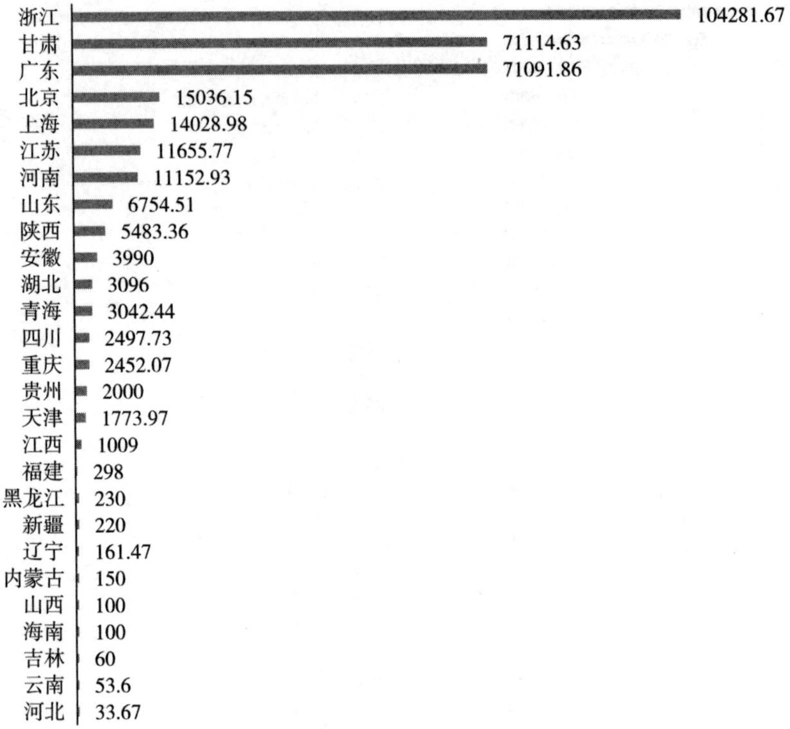

图 10　2016—2020 年各省、自治区、直辖市累计备案规模（万元）

用。第一，满足捐赠人享受税收优惠的诉求。《慈善法》规定，慈善信托“未按照前款规定将相关文件报民政部门备案的，不享受税收优惠”。但是目前慈善信托税收优惠政策的详细规则尚未出台。无论是企业还是个人，直接委托信托公司设立慈善信托，都无法获得捐赠发票用于税前抵扣。为了获得税收优惠，部分捐赠人选择先将善款捐赠给慈善基金会，并由基金会作为委托人，以捐赠财产设立慈善信托，基金会在财产所有人向其捐赠的同时开具捐赠发票，解决捐赠者的税前抵扣问题。第二，满足基金会年度慈善支出的要求。《基金会管理条例》规定，公募基金会每年用于从事章程规定的公益事业支出，不得低于上一年总收入的70%；非公募基金会每年用于从事章程规定的公益事业支出，不得低于上一年基金余额的8%。对于设立慈善信托能否算作慈善支出，各地民政部门的认定标准不统一，在当地民政部门认可的地区，部分基金会会通过设立慈善信托的方式来满足年度支出的要求。第三，社会组织通过设立慈善信托实现慈善财产的保值增值。我国公益慈善组织投资普遍较为保守，收益水平较低，不利于慈善财产的保值增值，造成慈善资源的浪费。2019年1月1日实施的《慈善组织保值增值投资活动管理暂行办法》，对慈善组织的保值增值投资活动进行规范，划定了投资范围、明确了底线和红线，特别指出，慈善组织不得进行下列投资活动:（一）直接买卖股票；（二）直接购买商品及金融衍生品类产品；（三）投资人身保险产品；（四）以投资名义向个人、企业提供借款；（五）不符合国家产业政策的投资；（六）可能使本组织承担无限责任的投资；（七）违背本组织宗旨、可能损害信誉的投资；（八）非法集资等国家法律法规禁止的其他活动。而慈善信托具有高度的灵活性，可投资的范围更加广泛，同时依托信托公司在金融领域的专业优势，能够充分利用慈善资源，实现慈善财产的保值增值，使得投资收益成为慈善事业可持续的来源。例如昆山市慈善总会委托光大信托设立的“光信善·昆山慈善信托1号”，即是“慈善+金融”的有益探索。该慈善信托备案规模5亿元，首笔交付1.3亿元，通过建立市场化、商业化的管理模式，借助专业化、精细化投资，推动慈善资产实现安全高效的保值增值，将慈善财产的“水池”变为“泉眼”。此外，苏州市相城区慈善基金会以6000万元资金委托苏州信托设立“苏信·善举5号慈善信托（苏州相城）”，也通过慈善信托的专业化投资管理实现慈善资金渠道的拓展。

2020年，以自然人为委托人的慈善信托有27单。委托人为机关法人的慈善信托有2单，分别为甘肃省临洮县扶贫办发起设立的“中诚信托2020年度善爱·临洮扶贫乡村振兴慈善信托”和四川省江油市民政局发起设立的“根生博爱慈善信托”。委托人中首次出现群众性自治组织，为北京市大兴区魏善庄镇赵庄子村民委员会发起设立的“金谷信托2020赵庄子益民（医疗）慈善信托”，这也是全国首单群众性互助慈善信托。此外，混合型委托人，即多种类型主体共同作为委托人的慈善信托有21单，其中15单为自然人与企业或社会组织共同作为委托人，这一类慈善信托数量呈现逐年增加的趋势，自然人与机构相互引领、相互促进的作用凸显。

2. 境外企业首次作为委托人

日本三井住友信托银行上海分行作为委托人，发起设立“紫金信托·厚德博爱中日友好抗击疫情慈善信托”，信托备案规模为50万元人民币，由紫金信托和南京市慈善总会作为共同受托人，用于武汉市雷神山医院疫情防控救治工作。该单慈善信托充分发挥信托制度优势，有效满足境外企业对于捐助透明、灵活、高效的需求，是国内首单境外企业作为委托人的慈善信托。慈善

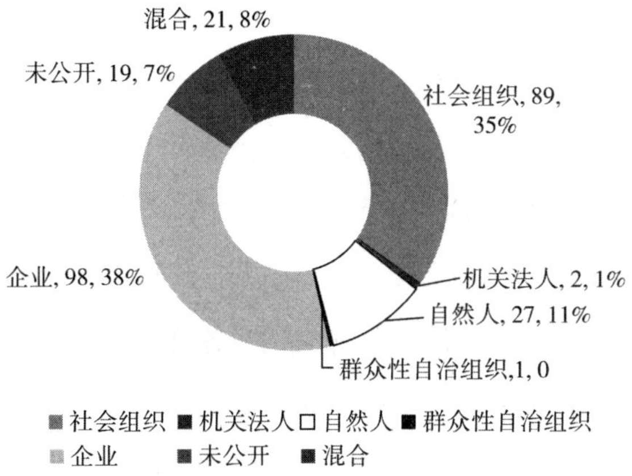

图 11　2020 年新增慈善信托按委托人类型的数量分布

信托在助力抗击疫情的同时，也搭建起中日两国友好的桥梁。

3. 同一委托人设立多单慈善信托

2020 年有多位委托人在已经设立过一单或多单慈善信托的情况下，再次设立慈善信托，其中包括 40 家企业、15 家地方慈善总会和 8 家基金会。例如，重庆市迪马实业股份有限公司在 2020 年 1 月 30 日委托新华信托设立“新华信托 · 华恩 10 号迪马股份医护关爱 慈善信托”，信托目的主要为对我国新型冠状病毒肺炎疫情防控以及未来其他公共卫生事件中的一线医护人员进行关爱与援助；2020 年 10 月 19 日，重庆市迪马实业股份有限公司再次委托五矿信托设立“五矿信托—三江源忘不了慈善信托”，用于阿尔茨海默病防治公益片的宣传、健康管理项目的宣传、预防及治疗等科研项目。针对不同的特定目的单独设立慈善信托进行独立运作，使得每一个慈善信托更加聚焦于细分领域，有助于更好地获得运行效果、实现慈善目的。

4. 各类委托人设立慈善信托规模结构各具特色

不同类型的委托人设立慈善信托，其备案规模呈现出不同的特点。总体而言，自然人委托人设立慈善信托以十万元及以下的小规模为主，混合型委托人设立慈善信托以百万元及以上的大规模为主，企业委托人设立慈善信托以十万和百万的中等规模为主，而社会组织委托人设立慈善信托在各规模上分布较为均衡。①

自然人、社会组织、企业和混合型委托人2020年设立的慈善信托中，规模在万元及以下的分别占37.04%、21.35%、7.14%和9.52%；规模在十万元级的分别占55.56%、50.56%、69.39%和33.33%；规模在百万元级的分别占7.41%、22.47%、19.39%和42.86%；规模在千万元及以上的分别占0、5.62%、4.08%和14.29%。

因此，2020年，在各类委托人中，自然人设立十万元及以下级别的小规模和中小规模慈善信托的比例最高，为92.59%；企业委托人设立十万元和百万元级别的中等规模慈善信托的比例最高，为88.78%；混合型委托人设立百万元及以上级别的大规模慈善信托的比例最高，为57.14%；而社会组织设立慈善信托，在各级别规模的比例均位于中间水平，规模分布较为均衡。

对于2016—2020年备案的全部慈善信托，上述结论同样成立，表明各类委托人设立慈善信托的规模结构具有稳定性。与机

① 2020年慈善信托的委托人包含自然人、社会组织、企业、混合、群众性自治组织、机关法人、未公开七类，其中委托人为群众性自治组织的仅有1单，委托人为机关法人的仅有2单，不具有统计意义，未公开的委托人不具有分析意义，所以此处分析仅包含前四类委托人。

构相比，自然人的财产规模相对较小，因此在设立慈善信托时倾向于小规模的慈善信托；混合类委托人包含一位以上委托人，并且包含机构委托人，因此能够汇聚更多的财产用于设立慈善信托；而企业委托人介于自然人和混合型委托人之间，一方面比自然人的财产规模高；另一方面不如混合型委托人财产来源广泛，因而更多地设立中等规模的慈善信托；社会组织委托人中大多为基金会或地方慈善总会，其设立慈善信托的规模往往依设立目的而决定，而与自身财产规模关联度不高，这或是相关慈善信托在规模上分布较为均衡的原因。

（五）受托人结构保持相对稳定

1. 信托公司仍为受托机构中的主力军

2020 年备案的慈善信托中，受托人仍以信托公司为主，保持以往的受托人结构。其中，信托公司担任单一受托人的有 244 单，比 2019 年增加 133 单；采用双受托人模式的有 11 单，比 2019 年减少 3 单；慈善组织担任单一受托人的仅有 2 单，比 2019 年增加 1 单。

相比于信托公司对慈善信托业务的高度关注和着力发展，慈善组织作为受托人的积极性不高。在实际操作中，慈善组织难以开设信托账户，无法对慈善信托财产进行单独管理、真正履行受托人的职责。这一现实障碍是制约慈善组织作为受托人开展慈善信托的重要因素之一。而双受托人模式通常由信托公司和慈善组织共同担任受托人，通过将信托公司资产隔离、信托财产管理优

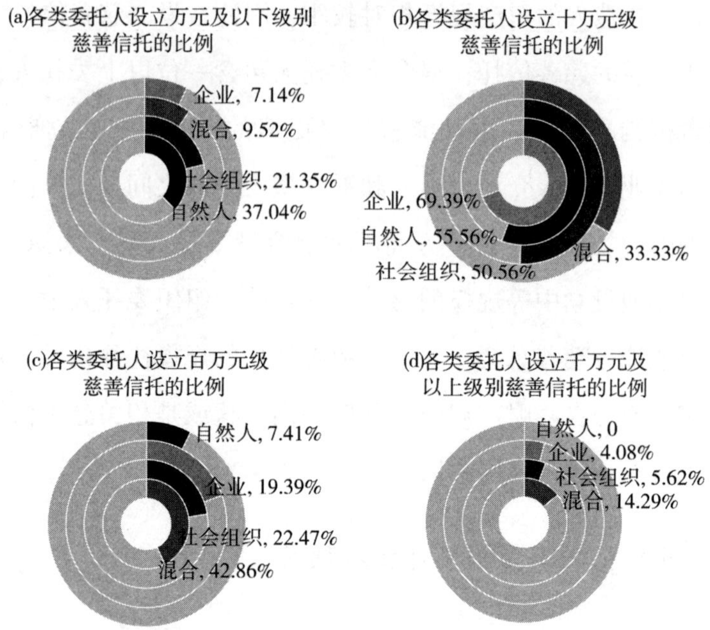

图 12　各类委托人 2020 年新增慈善信托的规模在（a）万元及以下（b）十万元（c）百万元（d）千万元及以上的数量占比

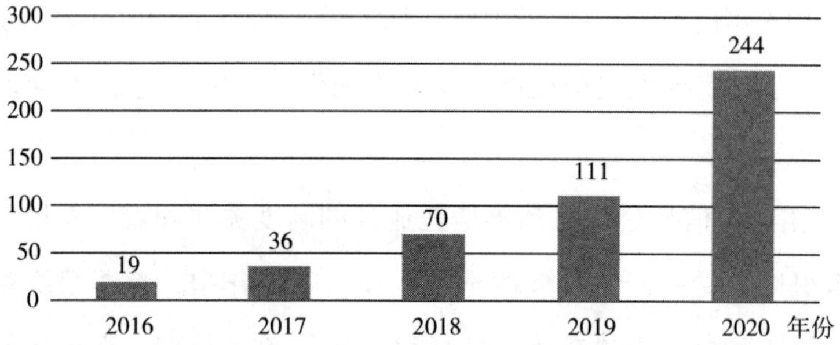

图 13　2016—2020 年信托公司担任单一受托人的慈善信托数量（单）

势与慈善组织公益项目运营能力相结合，实现专业化分工，既解决了慈善组织不能为慈善信托单独开立账户的障碍，也解决了信

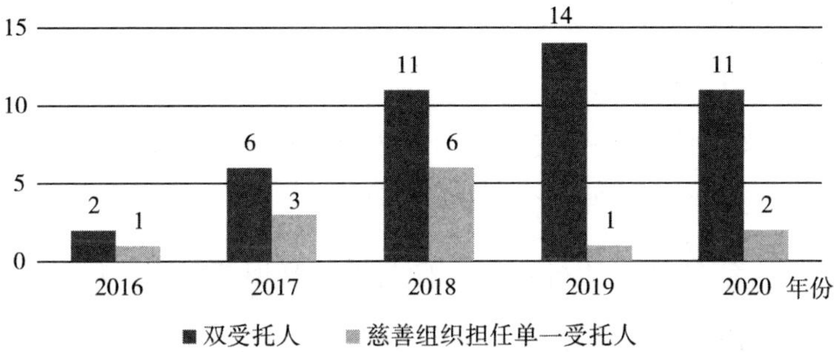

图 14　2016—2020 年双受托人和慈善组织担任单一受托人的慈善信托数量（单）

托公司无法开具捐赠发票的难题，达到相互促进、优势互补的效果。因此，双受托人模式自 2016 年诞生至今仍然较为受欢迎，采用这一模式的慈善信托也多有落地。

2. *受托机构持续增多*

2020 年，在信托公司中，国通信托有限责任公司、华融国际信托有限责任公司、中海信托股份有限公司、中粮信托有限责任公司四家公司首次备案慈善信托。其中，国通信托受托管理 3 单慈善信托在武汉市民政局备案，其中 2 单信托目的均为新型冠状病毒感染的肺炎疫情的防控与救助。就备案规模而言，国通信托是 2020 年新增备案规模第三大的受托机构。

在慈善组织中，深圳市慈善会和深圳市道富公益基金会首次作为慈善信托的受托人。前者与中融信托共同受托管理“中融-深圳市慈善会托普思维慈善信托”，后者作为单一受托人受托管理“东华健康·富道公益慈善信托”，2 单慈善信托均关注教育相关慈善领域。

3. 受托人集中度仍然较高

截至2020年底，共有57家信托公司担任过慈善信托受托人，其中56家担任过单一受托人。受托人的集中度仍然较高。2020年备案慈善信托数量最多的是光大信托，备案85单；其次是万向信托，备案32单。累计来看，目前受托管理慈善信托数量最多的是光大信托，受托数量已经突破100单，达到110单，财产规模为7.11亿元；第二为万向信托，受托管理54单，财产规模为9.68亿元。有17家信托公司受托管理慈善信托不足3单。

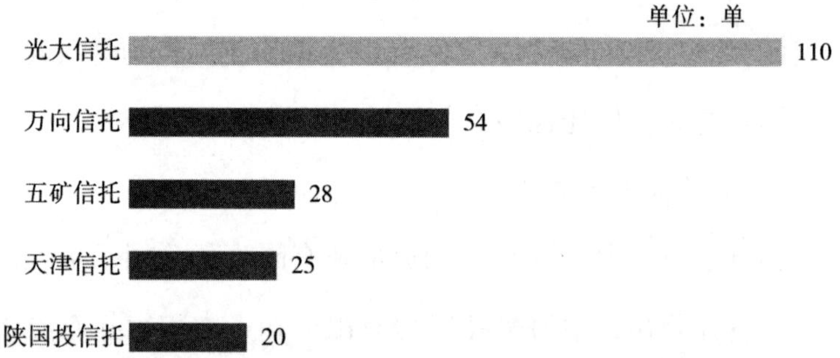

图15　2016—2020年慈善信托备案数量最多的5家信托公司

在慈善组织中，截至2020年底累计受托管理慈善信托最多的是天津市福老基金会，受托数量为22单，财产规模为859.97万元，其受托管理的慈善信托均由天津信托作为共同受托人。此外，深圳市社会公益基金会受托管理4单慈善信托，云南省青少年发展基金会、天津市武清区慈善协会、中国扶贫基金会、北京市企业家环保基金会、天津市慈善协会、南京市慈善总会6家慈善组织各受托管理2单慈善信托。

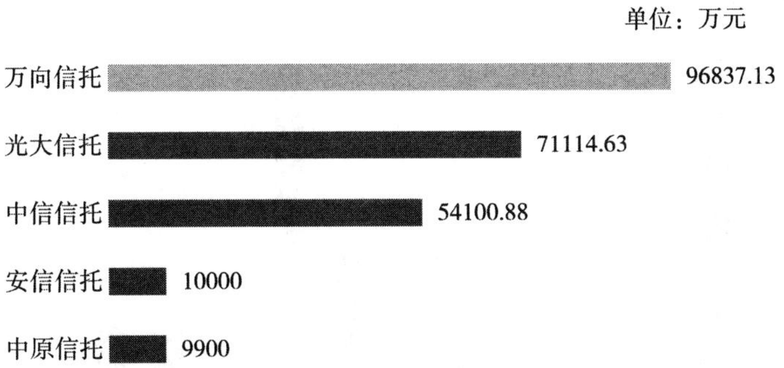

图 16　2016—2020 年慈善信托备案规模最大的 5 家信托公司

（六）信托目的趋于多元精准

1. 信托目的趋于多元化

2016—2020 年，每年备案的慈善信托都涵盖了《慈善法》规定的慈善活动所有领域。其中，扶贫济困是慈善信托重点聚焦的领域，备案数量共 269 单，占比为 50.09%；此外，教育领域也受到较高的关注，备案数量为 261 单，占比为 48.60%。2020 年由于新冠肺炎疫情的暴发，包含公共卫生事件的应急救援领域成为慈善信托首要关注的领域，2016—2019 年每年仅有 10 单左右慈善信托关注该领域，而 2020 年关注该领域的慈善信托备案数量为 113 单，占当年备案数量的 43.97%。①

教育和扶贫济困一直以来都是慈善信托重点关注的领域，教

① 若一个慈善信托的信托目的包含多个方向，则在相应的方向上各计入一次。信托目的中提到某一特定目的，再笼统提及《慈善法》规定的其他多个领域的，只认定该特定目的为信托关注领域；信托目的中未提及任何特定目的，仅笼统提及《慈善法》规定的多个领域的，认定所有提及领域为信托关注领域。

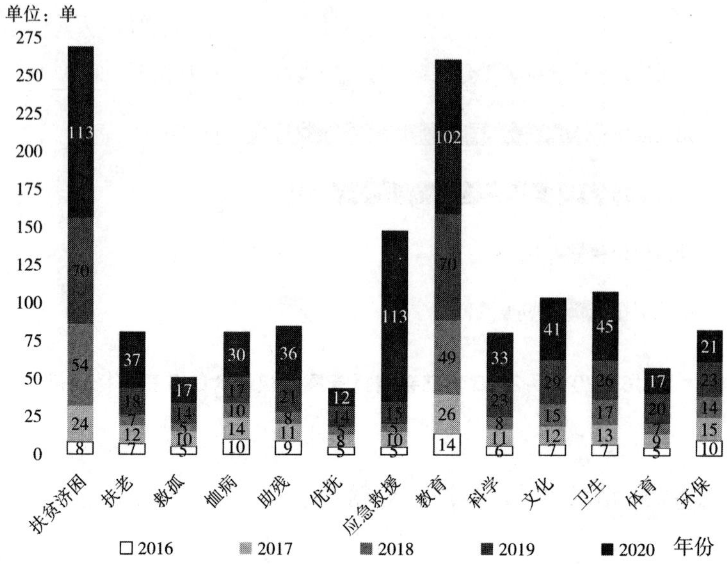

图 17　2016—2020 年慈善信托按信托目的的分布

育是一个国家的立国之本，同时，教育也能从源头上解决贫困问题，以教育为慈善目的的慈善信托数量不断上升，关注度一直位于前三名；而为了积极响应国家政策号召，助力脱贫攻坚，以扶贫济困为慈善目的的慈善信托数量也在不断增加，从 2016 年仅 8 单上升至 2020 年的 113 单，上升幅度较大，近 3 年关注度一直位居第一。除此之外，以环保、文化、卫生等为慈善目的的慈善信托数量也较多，关注度基本维持在前五以内。①

2020 年备案的慈善信托关注若干新兴领域，如“平安 · 万科公益基金会减少食物损耗和浪费、倡导健康饮食慈善信托”，

① 慈善领域的关注度是按照该慈善领域在当年新设慈善信托目的中提及次数进行排序而得到的，提及次数最多的为关注度第一，提及次数第二多的为关注度第二，以此类推。

	2016年	2017年	2018年	2019年	2020年
关注度第一	教育（14）	教育（26）	扶贫济困（54）	扶贫济困（70）	扶贫济困（113）
关注度第二	恤病（10）	扶贫济困（24）	教育（49）	教育（70）	应急救援（113）
关注度第三	环保（10）	环保（15）	卫生（17）	文化（29）	教育（102）
关注度第四	助残（9）	恤病（14）	文化（15）	卫生（26）	卫生（45）
关注度第五	扶贫济困（8）	卫生（13）	环保（14）	环保（23）	文化（41）

注：括号内数字为当年新设慈善信托关注该领域的单数。

图 18　2016—2020 年慈善领域关注度

倡导减少食物损耗与浪费、倡导健康饮食。该慈善信托委托人为万科公益基金会，信托财产规模为 320 万元，于 2020 年 7 月 16 日在深圳市民政局备案。受托人为平安信托，负责信托财产的投资管理，通过投资风险较低的资产，保证慈善资金的安全与增值。该慈善信托设立决策委员会，由委托人万科公益基金会、深圳市社会公益基金会组成，主要负责受益人选定，跟踪慈善项目执行情况，并向受托人反馈慈善项目管理报告。该慈善信托提供包括资金及技术和网络资助等资源，支持致力于相关项目或公益活动的公益组织、科研机构、教学机构、社会企业、社区组织、社区自组织、专家、行动者、倡导者、优异和有示范性的践行者。

该慈善信托备案次日即在万科公益基金会网站开展第一个公众倡导活动“717 我是善食君创意大赛”，聚焦每日三餐的零浪费创意行动征选，在全国范围内征集视频和海报创意作品，内容包括但不限于智慧点餐、餐具选用、环保包装、减少外卖、善待丑

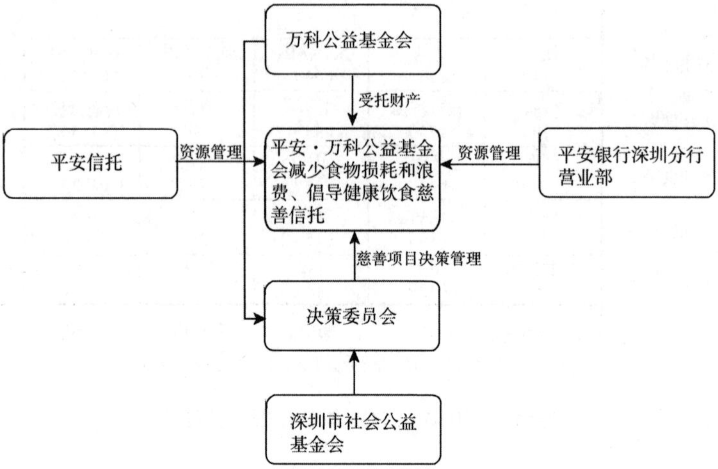

图 19 "平安·万科公益基金会减少食物损耗和浪费、倡导健康饮食慈善信托"架构图

食、按需点餐、分餐分食、光盘行动、餐盘选用、厨余堆肥再利用等。获奖者将获得具有激励性的现金奖励。

此外，"华润信托·凯华公益慈善信托"关注搭建产学研合作平台，促进青年创业与社会就业，"光信善·恩派慈善信托"关注社区平台建设、社会创新、社会创业者支持，"中铁信托-弘文1号文化教育慈善信托"关注博物馆文化教育，均为此前慈善信托未涉及的领域。

2. 关注群体在多方面产生细分

信托资助群体在年龄、性别、职业维度均产生细分。2020年备案的慈善信托中，按照年龄段划分，资助群体为老年人的有34单，为未成年人的有42单；按照性别划分，资助群体为妇女的有2单；按照职业划分，资助群体为医护人员的有17单，为教师的有 4 单，为建筑农民工的有 1 单，为商用车运输司机的有 1 单。2020 年之前，在信托目的里提及具体职业的总计仅有 12 单，主要集中于教师群体。2020 年以来，慈善信托关注的职业群体更为广泛，例如“建信信托—建筑农民工关爱慈善信托”旨在在疫情中关爱建筑农民工，为建筑农民工提供疫情防控物资以及公益保险保障；“建信信托—狮桥关爱中国卡友慈善信托”旨在关爱商用车运输司机，协助其防控新型冠状病毒疫情，并为商用车运输司机提供公益保险保障；“中国民生信托 · 2020 年度交大高金语言筑桥慈善信托”信托目的包括资助云南省丽江和四川省大凉山地区“特殊教育学校”青年支教教师；多只抗疫慈善信托关注医护人员等。

3. 聚焦领域进一步下沉

慈善信托资助领域进一步下沉，专业性显著提升。2016 年共有 10 单恤病领域的慈善信托备案，其中指定资助患者病种的有 2 单；在 2017 年的 14 单恤病领域慈善信托中，有 1 单指定病种；2018 年的 10 单中有 2 单指定病种；2019 年的 17 单中也仅有 1 单指定病种。而在 2020 年备案的信托目的包含恤病领域的 30 单慈善信托中，有 14 单指定资助患者的病种，占比 47%；其中 7 单关注新冠肺炎患者，2 单关注自闭症患者，1 单关注唇腭裂患者，1 单关注白内障患者，1 单关注阿尔茨海默病患者，1 单关注耳病患者，1 单关注肝脏移植患者。例如，“五矿信托 · 三江源忘不了慈善信托”将信托资金运用于阿尔茨海默病防治公益片的宣传、预防及治疗等科研项目，“华融信托 · 定点扶贫 1 号慈善信托”

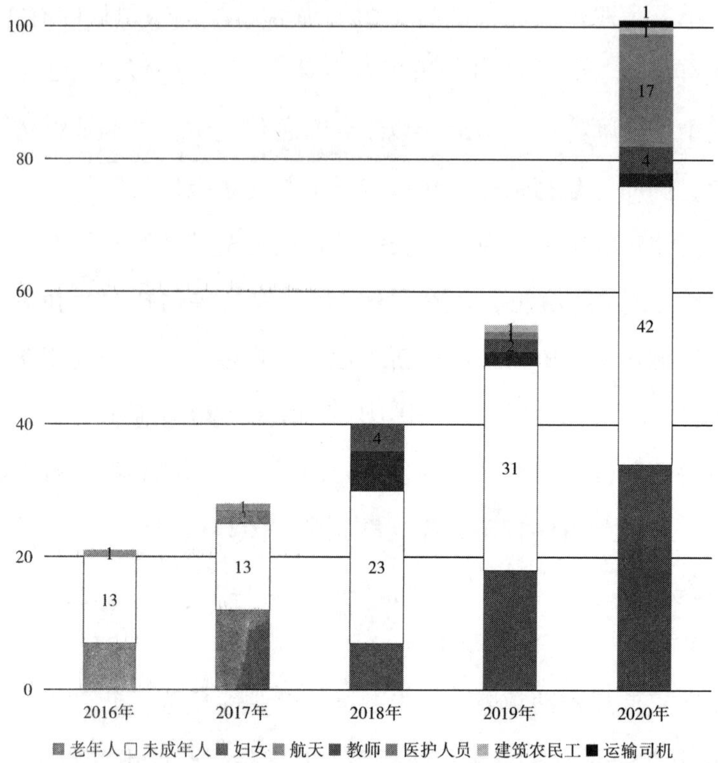

图 20 按年龄和职业细分的慈善信托数量

帮助贫困白内障患者支付手术费用。这两单信托均聚焦于之前未曾涉足的病症，随着中国老龄化进程的加快，这两类疾病获得了更多的大众关注，慈善信托也及时聚焦下沉领域，以应对更加专业化的资助要求。

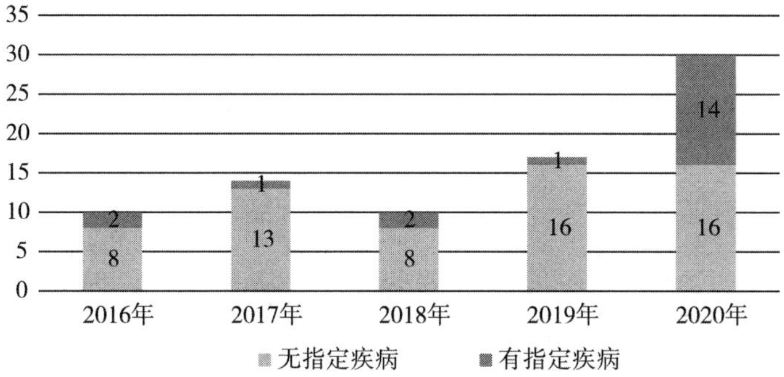

图 21　恤病领域的慈善信托数量（单）

（七）银行发力布局托管业务

1. 全国股份制商业银行参与积极性强

托管人承担着慈善信托财产的保管职责，是慈善信托业务中几乎不可或缺的服务方。截至 2020 年底，共有 31 家银行担任过慈善信托的托管人，其中，包含 6 家大型国有控股商业银行，9 家全国股份制商业银行，13 家城市商业银行，3 家农村商业银行。

从托管的慈善信托数量来看，2016—2020 年累计托管数量最多的是招商银行，托管 130 单慈善信托；第二是兴业银行，托管 81 单慈善信托；第三是光大银行，托管 59 单慈善信托。托管慈善信托数量最多的 3 家银行均为全国股份制商业银行，反映出全国股份制商业银行参与慈善信托的积极性最高。从增量来看，2020 年新增托管的慈善信托数量最多的也是招商银行，新增 63 单；兴业银行和光大银行分别以 48 单和 37 单位居第二和第三。

2. 托管业务集中度高

从托管的慈善信托规模来看，2016—2020 年累计托管规模名

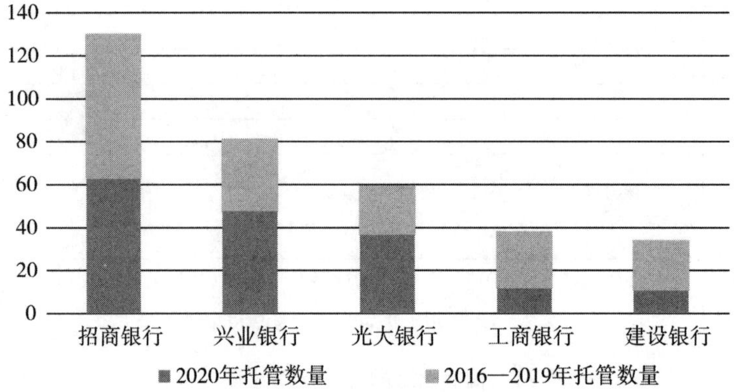

图 22　2016—2020 年累计托管慈善信托数量最多的 5 家银行托管数量

列三甲的同样是全国股份制商业银行：招商银行以 78360. 11 万元的托管规模位居第一；兴业银行以 66833. 57 万元的托管规模位居第二；中信银行以 61854. 49 万元的托管规模位居第三。排名前三位的托管银行所托管的慈善规模占全部慈善信托规模的比例达到 62. 39%，托管业务的集中度较高。从增量来看，2020 年新增托管的慈善信托规模最高的是招商银行，新增托管规模为 12362. 07 万元；其次是光大银行，新增托管规模为 10926. 33 万元；第三是建设银行，新增托管规模为 5328. 75 万元。

3. 托管人队伍不断壮大

2020 年，江苏银行和唐山银行首次托管慈善信托财产。江苏银行担任“紫金信托 · 厚德博爱抗击疫情助医慈善信托”的托管人，该慈善信托由南京市慈善总会委托紫金信托设立，用于关爱参与新型冠状病毒疫情防控的一线医护人员，以及医疗科研、医护人员关爱等目的。唐山银行担任“百瑞仁爱 · 盛唐慈善信托”

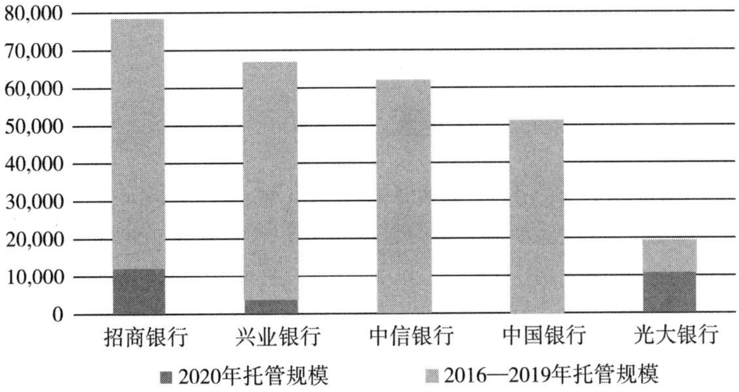

图 23　2016—2020 年累计托管慈善信托规模最高的 5 家银行托管规模

的托管人，同时也是该慈善信托的委托人，慈善目的为支持教育、扶贫、环保、医疗等。

4. 银行与信托公司合作推动慈善信托发展

银行担任慈善信托托管人，在慈善信托业务中往往处于相对被动的地位，实际上银行也可以借助自身的客户资源优势，主动出击，更加积极地推动慈善信托的发展落地。

招商银行与信托公司建立合作，共同为其客户提供慈善信托服务。从慈善信托的名称来看，招商银行以这一合作模式落地了至少 3 单慈善信托，分别是 2018 年备案的“山东信托 · 招行私行 · 彬彬慈善信托”、2019 年备案的“山东信托 · 招行私行 · 嘉和路慈善信托”和 2020 年备案的“招行私行 · 朔如千年慈善信托”，备案规模均比较大，分别为 500 万元、1000 万元和 1000 万元，招商银行在其中担任托管人的角色。

在以银行为主导的慈善信托中，银行除了可以担任托管人之

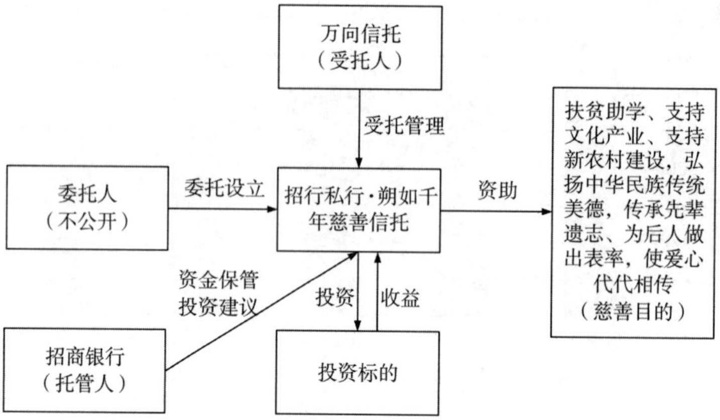

图 24　招行私行·朔如千年慈善信托交易结构图

外，也可以担任财务顾问等角色，更加深度地参与慈善信托的运营管理，为慈善信托提供自身在金融领域的专业优势，在全市场中找寻合适的投资标的，提升慈善信托的规范性和专业度。

以“山东信托·招行私行·嘉和路慈善信托”为例，在该慈善信托中，招商银行作为托管人的同时担任财务顾问，为慈善信托提供投资建议。根据受托人山东信托披露的 2019 年《山东信托·招行私行·嘉和路慈善信托事务处理情况和慈善信托财产状况年度报告》，该慈善信托财产的 60%投资于固定收益类信托计划，30%投资于净值类信托计划，10%投资于货币基金、现金存款等标的，资产配置较为均衡。该慈善信托采用净值化管理的方式，净值从成立日 2019 年 1 月 30 日的 1.0000，变为 2019 年 12 月 31 日的 1.0991，收益率达到 9.91%，实现良好的保值增值效果。

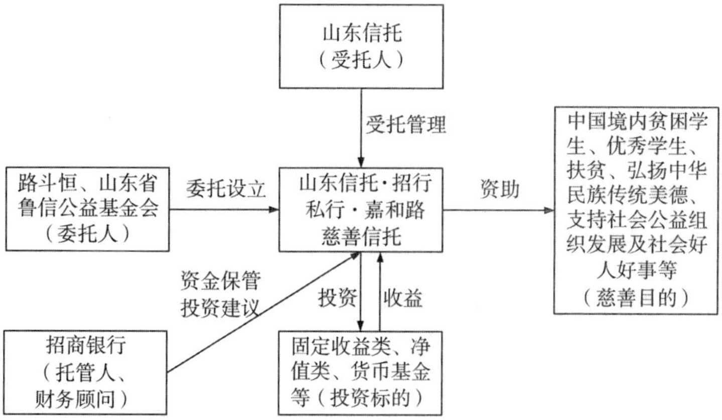

图25　山东信托·招行私行·嘉和路慈善信托交易结构图

（八）律师事务所积极担任监察人

1. 律师事务所在监察人中占主导地位

慈善信托的受益人是不特定主体，且存续的时间往往很长，建立完善的监督机制是慈善信托顺利运行的重要保障。设置监察人，对受托人的行为和信托的运营管理进行监督，有利于更好地维护委托人和受益人的权益。在目前备案的全部慈善信托中，有46.74%设置了监察人。监察人共涉及104个主体，其中有62家律师事务所、9家社会组织、7家会计师事务所、4家企业、1家机关法人和21位自然人。

在担任监察人的各类主体中，律师事务所占据绝对主导地位，由律师事务所担任监察人的慈善信托占全部慈善信托的38.18%。监督信托的运行和管理是否符合法律法规的规定以及信托文件的约定是慈善信托监察人的重要职责之一，具有专业法律背景的律师事务所作为独立的第三方机构，在担任监察人方面具备天然的优势。

此外，由社会组织担任监察人的慈善信托占比为 2.79%，由会计师事务所和自然人担任监察人的占比分别为 2.42% 和 2.23%，由公司和机关法人担任监察人的占比分别为 0.37% 和 0.19%，还有 0.56%的慈善信托由多种类型主体共同担任监察人。

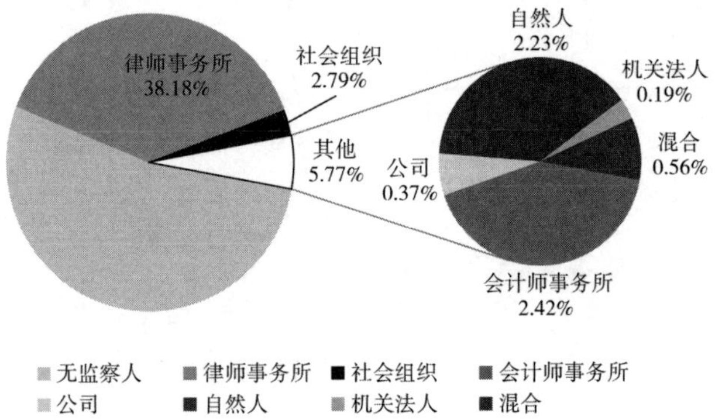

图 26　2016—2020 年备案的慈善信托监察人分布

在各主体中，作为监察人参与慈善信托数量最多的是上海锦天城律师事务所，累计在 54 单慈善信托中担任监察人；第二是北京大成律师事务所，累计在 27 单慈善信托中担任监察人；第三是北京市中盛律师事务所，累计在 22 单慈善信托中担任监察人。泰和泰律师事务所和江苏新天伦律师事务所分别以参与 14 单和 9 单慈善信托位列第四和第五。2020 年有 16 家律师事务所、2 家公司、5 位自然人和 1 家会计师事务所首次担任信托监察人，慈善信托的参与主体进一步丰富。

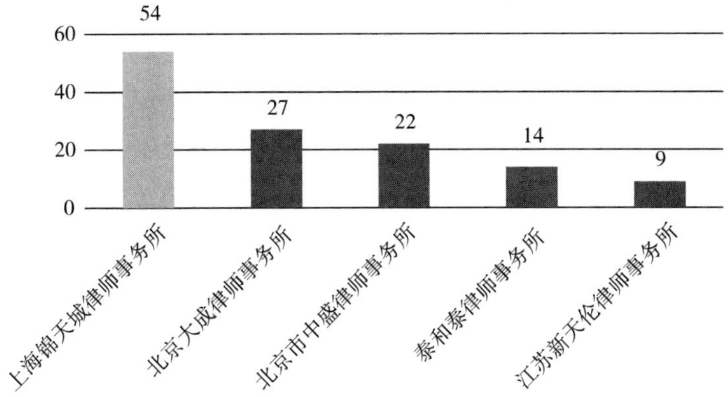

图 27　监察慈善信托数量最多的 5 位监察人的监察数量（单）

2. 不同类型委托人对监察人的偏好存在差异

不同类型的委托人对设置慈善信托监察人的偏好不同。在各类委托人中[①]，机关法人作为委托人设立的慈善信托中有 92.31% 设置了监察人，这一比例显著高于 46.74% 的平均水平，说明这类委托人对于慈善信托的设立持较为审慎的态度，同时对慈善信托的运行规范和监督有较为严格的要求。相较而言，委托人信息未公开的慈善信托中仅有 33.33% 设置了监察人，这一比例远低于平均水平，侧面表明选择不公开信息的委托人倾向于以低调的方式设立慈善信托，在引入参与方的时候也会更加谨慎。而企业、自然人、社会组织和混合类型的慈善信托设置监察人的比例均与平均水平较为接近，说明这四类委托人对于监察人的设置没有特殊偏好。

① 本报告将委托人类型分为企业、自然人、社会组织、机关法人、混合、未公开、群众性自治组织和事业单位法人八类，其中群众性自治组织和事业单位法人作为委托人的分别仅有 1 单，不具有统计意义，所以此处分析仅包含前六类委托人。

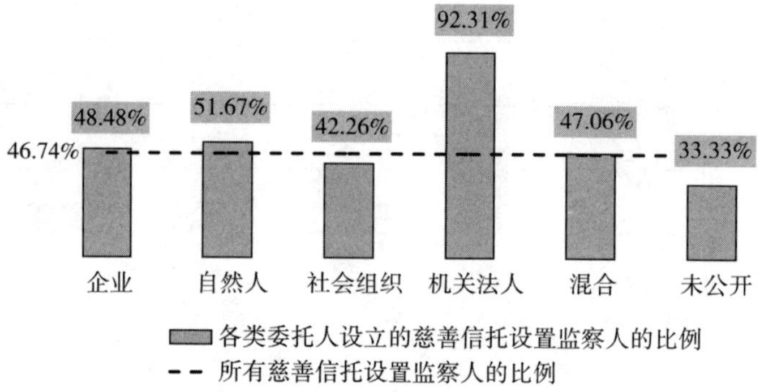

图 28　各类委托人对设置监察人的偏好

在监察人类型的选择上，不同委托人也有不同的偏好。社会组织担任监察人的 15 单慈善信托中，有 10 单委托人为社会组织；会计师事务所担任监察人的 13 单慈善信托中，有 9 单委托人为社会组织；说明社会组织在设立慈善信托时更偏好聘请社会组织和会计师事务所担任监察人。此外，在自然人担任监察人的 12 单慈善信托中，有 4 单委托人为企业，有 3 单委托人为自然人，说明企业和自然人相对其他类型的委托人更偏好聘请自然人作为监察人。而在律师事务所担任监察人的慈善信托中，不同类型的委托人分布较为均衡，表明各类委托人对律师事务所的认可度均较高。

三、慈善信托发展特点

（一）在突发事件救助中崭露头角

1. 单数多，规模大

2020年，新型冠状病毒肺炎疫情给众多行业带来了冲击。面对如此突发事件，多家信托公司设立了以新冠肺炎的防控、救治为目的的慈善信托，与社会各界一道砥砺前行，共克时艰。在2020年新增的257单慈善信托备案中，有92单与新冠肺炎防治有关，数量占比35.8%。2020年新增慈善信托总规模3.9亿元，其中与新冠肺炎防治有关的慈善信托规模为1.48亿元，占比37.95%。其中，由中国信托业协会倡议设立、国通信托担任受托人的“中国信托业抗击新型肺炎慈善信托”得到了信托行业内公司的积极响应，最终共计61家信托公司共同出资担任委托人。除此以外，也有30余家机构作为受托人设立了此类慈善信托。光大信托作为受托人备案了44单此类慈善信托，中建投信托备案了9单此类慈善信托，紫金信托备案了5单此类慈善信托。慈善信托利用其点对点服务于受益人的优势，成为公益事业的有力补充，在抗击疫情中体现出重要的社会价值。

2. 设立时效显著提高

2020年1月26日，中国信托业协会发起设立“中国信托业抗击新型肺炎慈善信托”的倡议，信托业迅速响应。1 月 26 日，19 家信托公司第一时间投入该慈善信托专项资金 1000 万元。1 月 27 日，有 24 家信托公司加入专项慈善信托。1 月 28 日，又有 18 家信托公司参与。短短 3 天内，共计 61 家信托公司加入了专项慈善信托。

专项慈善信托设计方案确立后，中国信托登记公司第一时间为慈善信托登记开辟绿色通道，协助受托人顺利取得慈善信托登记编号。同时，该慈善信托也得到民政部相关部门的大力支持和积极协助，慈善事业促进和社会工作司与武汉市民政局积极沟通，及时受理并顺利完成了特殊时期的慈善信托备案工作，于 2 月 2 日取得备案回执。

2 月 3 日复工后中国信托登记公司迅速办理完成 12 家信托公司上报慈善信托 33 笔，涉及抗击疫情 29 笔。

此外，各信托公司与当地民政部门共同努力，多项用于新冠疫情防控救治的慈善信托均在短时间内完成备案。光大信托受托管理的为一线抗疫机构提供紧缺急需物资的“光信善·蓝帆医疗实物救援慈善信托”，从 1 月 27 日开始紧急筹备，仅用两天时间就完成内部筹备、外部沟通协调及预登记等工作。用于新型冠状病毒肺炎疫情防控及其他未来公共卫生事件中的一线医护人员专项帮扶的“新华信托·华恩 10 号迪马股份医护关爱慈善信托”从筹备到备案获批 48 小时，刷新了慈善信托落地备案新纪录。重庆银保监局、重庆市民政局、中国信托登记有限责任公司以及信托保管行招商银行重庆分行对该信托高度重视，在春节期间开通绿色通道，在相关流程合法合规的前提下，均在抗“疫”特殊时期给予优先保障。在福建银保监局、福建省民政厅、福州市民政局、中国信托登记有限责任公司、大成律师事务所以及保管行兴业银行福州分行等主管单位和合作机构的支持下，兴业信托作为受托人的“同泽一期慈善信托”在5个工作日内完成慈善信托设立的所有相关工作。“陕国投·陕西慈善协会-迈科集团-众志成城抗击新型冠状病毒肺炎慈善信托”从筹备到获陕西银保监局备案通过不到24小时。

3. 信托目的长短结合体现信托优势

长期性是信托制度的优势。相较于慈善捐赠而言，慈善信托可以设定为非固定期限甚至永续存在，更有利于为疫情防控提供长远支持。新冠疫情影响广泛而深远，对特定人群的社会心理影响，以及对低收入、收入不稳定人群的生活影响不可忽视。良好运作的慈善信托可以减缓疫情带来的社会影响，为维护社会稳定发挥积极作用。在92单与新冠疫情防控相关的慈善信托中，19单期限为1年，5单期限为10年及以上，9单为永续信托，27单无固定期限。不同期限的慈善信托将应急救助和长期防控结合起来，运用目标偏向短期的慈善信托多用于采购医疗物资、救治患者等，而运用目标偏向长期的慈善信托可在疫情后期对受疫情影响的困难群体提供帮扶、心理疏导服务，支持公共卫生、医疗科研、教育健康及倡导等事业。例如备案期限为10年的“新华信托·华恩10号迪马股份医护关爱慈善信托”关注本次疫情及在未来公共卫生事件中受到伤害的医护人员，为他们在政策福利保障外提供其他必要的关爱与支持，同时为上述医护人员的亲属赡养和子女教育提供关怀。“中诚信托 2020 信托保障基金・京慈疫情防控慈善信托”在支持北京市社区疫情防控、一线医护人员关爱以及受疫情影响的困难人员帮扶等方向的同时，发挥慈善信托的长期持续功能，支持与疫情相关的医疗科研、公共卫生教育等领域。

4. 慈善信托成为履行社会责任的重要方式

以疫情防控为目的的慈善信托汇集了各行业的大力支持，诸多受托机构、托管银行、法律顾问、监察人等未收取任何报酬，展现了关键时刻的社会担当。例如“中国信托业抗击新型肺炎慈善信托”参与的各方均未收取报酬。新华信托对“华恩 10 号迪马股份医护关爱慈善信托”、光大信托对“光信善・欣鑫慈善专项慈善信托”“光信善・蓝帆医疗实物救援慈善信托”“光信善・守护白衣天使专项慈善信托”未收取管理费用。建信信托设立的“建信信托-建筑农民工关爱慈善信托”未收取报酬，将资金全部用于向全国重点防疫地区的建筑劳务工人提供防护物资、普及防护知识和安全复工指引以及定制购买“建工无忧”系列商业保险。对于“兴业信托・同泽一期抗击新型肺炎慈善信托计划”，兴业信托不收取信托报酬，福建省慈善总会不收取管理费，兴业银行福州分行不收取托管费。对于“云南信托-云慈济善慈善信托”，云南信托不收取信托报酬，云南省青少年基金会不收取管理费，招商银行昆明分行不收取托管费，监察人泰和泰律师事务所不收取监察费。对于“华宝善行・抗击新型冠状病毒肺炎疫情慈善信托”，华宝信托不收取信托报酬，兴业银行上海分行作为保管银行不收取资金保管费用，锦天城律师事务所和天健会计师事务所也免费提供法律、会计等专业服务。

（二）财产来源和类型不断拓展

1. 募集资金模式创新

2020 年，慈善信托在迅速反应抗击疫情的需求驱动下，灵活拓展信托财产来源，信托客户收益让渡模式及信托员工捐款逐步推广，信托行业联合委托模式应运而生。

（1）客户让渡投资收益模式

一些信托公司充分调动客户资源，通过号召集合信托计划投资者让渡部分投资收益的方式来引导社会资金参与慈善信托，有效地扩充慈善信托资金来源。

光大信托“光大信托恒鼎尊行尊享消费信托”投资者让渡部分收益，光大信托让渡信托报酬，光大银行让渡银行代销手续费用，用于设立“大爱无疆”系列慈善信托。光大信托“光信·光筑·浦汇恒鼎尊行-加油武汉集合资金信托计划”，主要投资于流动性较好的标准化金融资产，投资增值超过业绩基准的部分收益投向光大信托受托管理的“光信善-大爱无疆慈善信托”。

紫金信托“紫金信托·汇金集合资金信托计划”客户让渡部分投资收益用于设立“紫金信托·厚德博爱抗击疫情助医慈善信托”。

华能信托从投资收益、信托报酬、代销银行费用中让渡部分收益成立“华能信托·尊承槿华慈善信托计划”。

(2) 信托公司员工捐款模式

在抗击疫情的特殊时期，不少信托公司发动公司员工捐款，并以慈善信托的方式管理和运用善款，慈善信托的资金来源进一步丰富。

四川信托员工与合作伙伴、社会各界爱心人士共同向成都市慈善总会捐款50余万元，成立“川信-帮一帮慈善信托(四期)”。

陕国投认购“陕国投·陕西慈善协会-迈科集团-众志成城抗击新型冠状病毒肺炎慈善信托”480万元，其中包括员工捐款30万元。

上海信托的428名员工向“‘上善’系列赴鄂救援抗击疫情慈善信托”捐款83.6万元。

(3) 信托行业联合委托模式

面对突如其来的疫情，中国信托业协会充分发挥行业引领作用，同时信托行业积极履行社会责任，首单信托行业联合出资设立的慈善信托诞生，慈善信托资金来源获得新的突破。

在中国信托业协会的公开倡议下，61家会员信托公司出资，国通信托担任受托人共同设立专项抗疫慈善信托“中国信托业抗击新型肺炎慈善信托”，募集资金规模合计3090万元，这也是2020年备案规模最大的慈善信托。

2. 财产类型趋于丰富

得益于信托的灵活性，慈善信托可接受多元化的信托财产类型。目前来看，慈善信托财产以资金为主，并逐渐探索非资金类财产，如艺术品、股权等。2020 年慈善信托的财产类型进一步丰富。

2020 年光大信托成立多单医疗器械实物类慈善信托，例如，接受蓝帆医疗股份有限公司委托，设立国内首单医疗实物类慈善信托——“光信善·蓝帆医疗实物救援慈善信托”，信托资产为 100 万只医疗级防护手套；接受四川省欣鑫慈善基金会委托，设立“光信善·欣鑫慈善专项慈善信托”，首期信托资产为价值 100 万元的医疗器械。

（三）受托人重视度和投入更高

1. 战略地位逐步提升

在信托行业转型升级的背景下，回归受托人地位、加强信托文化建设成为信托行业的重要发力点。2020 年 6 月，中国信托业协会发布《信托公司信托文化建设指引》，指出信托公司应发挥信托制度功能作用，推动信托业在维护公序良俗、促进社会进步方面发挥独特作用，积极履行社会责任，创造社会效益，成为完善我国社会治理体系的重要力量。发展慈善信托无疑是信托文化建设的题中应有之义。作为信托公司的本源业务和履行社会责任的重要渠道，慈善信托在信托公司的战略地位逐步提升。

在 68 家信托公司中，有 59 家在 2019 年度报告中提及慈善信托，相比 2018 年增加了 12 家。其中，6 家在年报的“业务创新”部分提及慈善信托，25 家在年报“企业社会责任”部分提及，20

家在“业务创新”和“企业社会责任”两部分均有提及，此外还有7家在年报的其他部分如“行业分析”“市场分析”“战略规划”等提及慈善信托。慈善信托已成为信托公司年报的关键词之一，信托公司对慈善信托的重视程度可见一斑。

根据信托公司披露的2019年报，多家信托公司将慈善信托提升至战略高度，通过组织架构、制度规范等方式驱动慈善信托发展。苏州信托制定《慈善信托业务管理办法》公司制度，为慈善信托规范化开展奠定制度基础。中诚信托设立专门的慈善信托工作室，促进公司慈善信托专业化发展。

慈善信托已经成为信托公司履行社会责任的重要方式之一，这也是信托公司越发重视慈善信托的主要原因。五矿国际信托作为受托人推出了三江源思源系列慈善信托，将保护环境、改善生态的理念融入公司发展。响应国家号召，多家信托公司受托管理助力脱贫攻坚的慈善信托。平安信托推出了国内首只集合永续型慈善信托“中国平安教育发展慈善信托计划”，促进教育类慈善项目的发展。

2. “慈善信托+基金会”双平台运作

慈善信托和慈善基金会作为参与慈善事业的不同形式，其功能与特点各有千秋。为进一步提升慈善服务能力，部分信托公司选择设立基金会，探索“慈善信托+基金会”双平台运作模式，以双平台协同推动慈善信托发展。

长安信托早在2016年即发起设立北京长安信托公益基金会。在2020年抗击新冠疫情的工作中，北京长安信托公益基金会出资

30 万元，连同长安信托面向全体员工募集的 21 万余元，共计 51 万余元，设立“长安慈 · 抗疫与共慈善信托”，用于支持陕西省新冠肺炎疫情的防控工作。外贸信托于 2019 年成立北京信诺基金会，在 2020 年新冠疫情期间，创新性发挥基金会与慈善信托的协同价值，在慈善捐助、物资对接、履行受托责任等方面鼎力支持，面向中化集团金融事业部全体员工发起募捐，精准对接疫区需求，高效论证捐赠方案，最终成功采购医疗设备送至武汉大学人民医院，将最紧缺的物资送到最需要的地方。2020 年，北京信诺公益基金会还作为委托人设立了“外贸信托 2020 年度中化集团圆梦行动慈善信托”和“外贸信托-2020 年度信诺助学 1 号慈善信托”。光大信托于 2020 年 5 月完成北京光信公益基金会的设立，通过“慈善信托+基金会”双平台运营，全方位满足捐赠人需求，实现公益倍增效应。

（四）资助项目运作更加专业化

慈善项目的资助和运作是实现委托人慈善心愿、体现慈善信托核心价值的关键环节。目前，信托公司仍然是受托管理慈善信托的主力军。作为金融机构，信托公司擅长架构设计、信托事务管理和资产保值增值，而在慈善项目的筛选和运作方面能力相对薄弱。在慈善信托发展初期，慈善信托在资助项目的筛选和运作方面往往采用“粗放型”的方式，而在 2020 年抗击疫情的过程中，信托公司运作资助项目的潜能被充分激发，开始进入到“精细化”管理阶段，更加注重慈善财产的高效运用，专业化程度迈上新的台阶。

1. 受托人参与度提高

受托人在资助项目筛选和执行环节的参与程度较以往显著提高。特别是为抗击疫情而设立的慈善信托，受托人都充分发挥出自身资源禀赋的优势，直接参与资助项目的运作中，一方面广泛收集抗疫物资短缺需求，筛选合适的资助项目和受益人，另一方面积极对接医疗物资供应方，保证以最快的速度将短缺物资送达最急需的地方。

例如，由中国信托业协会倡议发起、61 家会员信托公司出资、国通信托担任受托人共同设立的“中国信托业抗击新型肺炎慈善信托”，先后筛选执行项目 20 余个，对每一个项目均秉持“点对点”的主动管理原则。开展的资助项目包括：向医院前线提供急缺的口罩、消毒液、测温枪、呼吸机等专业医疗物资设备，直接参与雷神山、协和、同济等重点医院重症病房设备配备建设环节，对 20 余所学校和社区展开消毒工作，抚恤因疫死亡或困难家庭、重点人群心理疏导与研究等。该慈善信托累计支出金额达 2030 万元，捐赠对象超 24 个，惠及武汉、孝感、黄冈、襄阳、十堰、随州等重点地区的 14 家定点医院、8 家防疫指挥部、1 家卫生健康局、1 家国务院下属慈善基金，充分发挥出慈善信托在抗击疫情中的积极作用。

2. 项目执行效率显著提升

在抗击疫情的特殊时期，慈善信托项目的执行效率面临着极高的要求。面对挑战，慈善信托的受托人不负所托，全力以赴执行项目，实现委托人的慈善目的，慈善信托资助项目的执行效率显著提升，善款的划拨和慈善物资的资助速度创出历史新高。

例如蓝帆医疗股份捐献100万只医疗级防护手套作为慈善信托资产，委托光大信托成立“光信善·蓝帆医疗实物救援慈善信托”，用于武汉及北京疫情防控工作。成立后的两天内，慈善信托即将需求量最大的医用手套发往武汉协和医院西院、黄冈市中心医院、仙桃市第一人民医院等，解决医院物资短缺的“燃眉之急”。

再如中国信托业抗击新型肺炎慈善信托，在信托业协会、委托人管委会和受托人的共同努力下，首批善款在5天内即投放完成，不到一个月的时间执行救助项目20个，累计投放资金1492.31万元，有效缓解一线医疗系统压力，创造了慈善信托的“火神山速度”。

3. 探索资助新模式

运用有限的信托财产获得最佳的资助效果是慈善信托资助的重要目标之一，也是资助项目运作专业化的重要体现。慈善信托一直在不断探索创新的资助模式，实现资助效果最大化。

平安信托作为受托人设立的“平安大名城双重扶贫慈善信托”，信托财产用于向贫困农户采购农产品并向敬老院、留守儿童中心、希望小学、福利院等特殊群体捐赠农产品，在帮助贫困农户扩大销售的同时，又能关爱特殊群体，实现双重扶贫的公益效果。该慈善信托是国内首只“消费扶贫+精准扶弱”慈善信托，开创了慈善信托资助新模式。

（五）投资运作凸显金融业优势

资助和投资是慈善信托运作最为关键的两个环节。在投资环节，信托公司充分发挥金融专业优势和信托制度的灵活性，通过多元化的资产配置实现信托财产的保值增值，使得慈善财产的使用更具可持续性。

根据部分公开披露的慈善信托2019年度报告，信托财产的投资方向以银行存款和现金管理类产品等高流动性、低风险的产品为主；同时固定收益类的信托计划也是主要投向之一，特别是对于规模在100万元以上的慈善信托而言，在有较多闲置资金的情况下，投向固定收益类的信托计划可获得更高的收益。

部分慈善信托将证券投资类产品纳入投资范围，如“山东信托·招行私行·嘉和路慈善信托”将信托财产部分投资于“外贸信托·锐进16期中欧瑞博尊享A期”“外贸信托淡水泉二期尊享A期”“外贸信托金得6号对冲1号集合资金信托计划”三只证券投资类信托计划，证券投资类资产占比达34.78%；再如“湖畔魔豆慈善信托”将信托财产部分投资于睿远基金发行的证券投资类产品“睿远基金洞见价值一期17号集合资产管理计划”，投资比例为11.12%。

此外，还有少量慈善信托的投资范围中包含股权投资。如“中诚信托2018年度善爱扶贫慈善信托”和“国投泰康信托·2018甘肃临洮产业扶贫慈善信托”均约定慈善信托项下闲置资金可以运用于以产业扶贫为目的的其他投资，包括以债权、股权等方式投资于在甘肃临洮地区具有显著产业扶贫效益的企业，以此带动当地贫困群众增加就业和收入。

慈善信托除对现金类财产进行均衡配置外，也通过妥善管理实现其他类型财产的保值增值。例如，鲁冠球三农扶志基金的信托财产为万向三农集团有限公司100%股权，备案规模为6亿元。经资产评估，截至2020年6月末，万向三农集团有限公司股权价值达到141.71亿元，较2018年6月慈善信托成立时的评估价值109.85亿元增长29%。

（六）慈善信托品牌化趋势强化

慈善信托受托机构在加大投入和提升专业化服务水平的同时，也在倾力打造品牌特色，慈善信托品牌化趋势进一步强化。例如，光大信托2019年推出“光信善”品牌，并以此冠名受托管理的慈善信托。截至2020年底，光大信托累计受托管理“光信善”系列慈善信托93单，其中2020年成立的有85单，品牌效益凸显。

部分信托公司在开展慈善信托之初即确立慈善信托品牌，并以品牌命名受托管理的慈善信托，通过持续的品牌经营形成独具特色的品牌优势。五矿信托在2017年推出“三江源”慈善信托品牌，截至2020年底累计备案28单慈善信托，均以“三江源”命名，在众多慈善信托中具有较高的辨识度。品牌打造同样较为完善的还有天津信托、长安信托、上海信托和新华信托，分别推出“天信世嘉”“长安慈”“上善”和“华恩”慈善信托品牌。

慈善信托品牌的打造和经营，从侧面反映出受托机构对于慈善信托的重视和运营管理的规范性，有助于受托机构形成差异化的竞争优势、获取更多资源和支持、探索创新的慈善信托模式；同时，在提高社会大众对慈善信托的认知度、增强对受托机构的信任感、推动慈善信托进一步发展等方面具有社会价值。

表1　慈善信托品牌情况

慈善信托品牌	受托机构	该品牌2020年新增数量（单）	该品牌2016—2020年累计数量（单）
光信善	光大信托	85	93
三江源	五矿信托	13	28
天信世嘉	天津信托	8	25
厚德	紫金信托	6	11
长安慈	长安信托	5	15
上善	上海信托	3	9
华恩	新华信托	1	6
大同	山东信托	2	5
阳光	杭工商信托	8	11
陆信弘远	陆家嘴信托	2	3

（七）科技赋能提升现代化水平

从服务的角度来讲，慈善信托本质上是围绕信托账户提供的慈善服务。便捷、高效的账户服务和良好的使用体验是受托人的核心竞争力之一，而这一竞争力的提升离不开金融科技的加持。突如其来的疫情带动了远程办公的发展，促进慈善信托服务向现代化、数字化方向更好地迭代。

2月，万向信托推出慈善账户服务平台。该平台由万向信托联合上海万向区块链股份公司共同开发，在线提供定制化的慈善咨询和账户开立服务，并基于账户为捐赠人提供慈善财产捐赠、慈善项目资助、闲置资金投资管理等服务。平台应用区块链技术，将捐赠指令、捐赠反馈等重要信息上链，为捐赠人提供资金流向动态，实时跟踪捐赠动态，并且方便捐赠人对自己的捐赠历史事件进行追溯，让捐赠人以更透明的方式了解救助信息，使每一笔资金都有迹可循，为捐赠人带来便捷、高效、透明、可信的慈善体验。

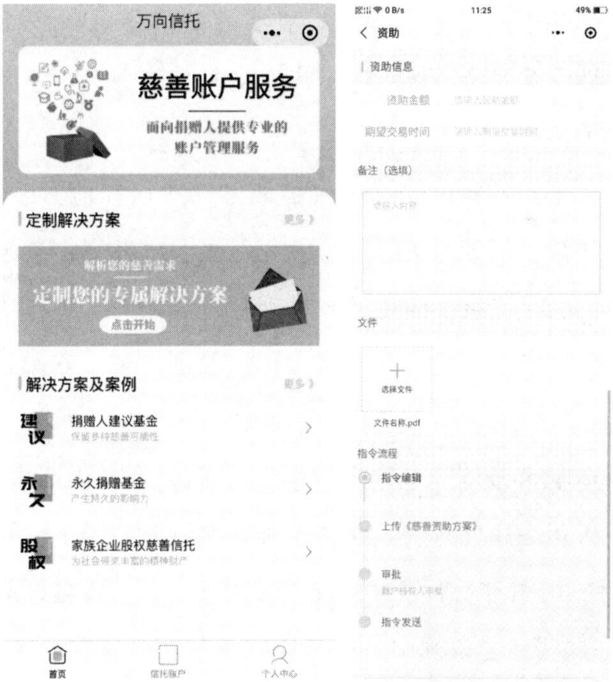

图 29　万向信托慈善账户服务平台界面

（八）法律法规日趋完善

1. 中央法规与地方细则相辅相成

2016年3月16日《慈善法》的颁布，标志着我国慈善信托事业的启航。2017年7月7日《慈善信托管理办法》和2018年8月6日《慈善组织信息公开办法》的出台，表明了我国慈善信托相关法律法规体系的逐渐完善。2020年1月，民政部又公布了《慈善信托信息公开管理办法（征求意见稿）》。这一办法对慈善信托的设立环节、存续环节、终止环节的信息公开都作出了明确的规定，如若正式实施，有助于提高慈善信托信息披露的真实性、完整性、及时性，从而进一步提高其公信力，唤起民众对慈善信托的关注度。

此外，全国各地也陆续出台了地方性法规和地方政府规章，辅助上述法律、规章的实施。2019年已出台《北京市慈善信托管理办法》《江苏省慈善信托备案管理暂行办法》《江苏省慈善条例》《广东省慈善信托管理工作细则》及浙江省、安徽省、江西省和陕西省《慈善法》实施办法。2020年6月，吉林省司法厅公开《吉林省慈善条例（草案送审稿）》，向社会各界征求意见。8月，湖北省司法厅公开《湖北省慈善条例（送审稿）》并征求意见。10月，山东省政府常务会议审议通过《山东省慈善条例（草案）》。在这些慈善条例中，均有单独章节对慈善信托作出规定。多省市还推出了慈善事业促进条例，进一步促进慈善事业的规范化发展。地方性法规、地方政府规章的出台，有助于在法律、部门规章大框架下根据当地实际情况推动慈善信托健康有序、高质量发展，并提高当地行政效率。

表 2　慈善信托相关法律、法规、规章及规范性文件梳理

名称	公布主体	公布时间
《中华人民共和国慈善法》	中华人民共和国主席	2016. 03. 16
《慈善信托管理办法》	银保监会、民政部	2017. 07. 26
《慈善组织信息公开办法》	民政部	2018. 08. 06
《北京市慈善信托管理办法》	北京市民政局	2016. 09. 21
《江苏省慈善信托备案管理暂行实施办法》	江苏省民政厅	2017. 10. 23
《江苏省慈善条例》	江苏省人大常委会	2017. 12. 02
《浙江省实施〈中华人民共和国慈善法〉办法》	浙江省人大常委会	2018. 11. 30
《安徽省实施〈中华人民共和国慈善法〉办法》	安徽省人大常委会	2018. 12. 24
《广东省慈善信托管理工作实施细则》	广东省民政厅	2019. 02. 21
《江西省实施〈中华人民共和国慈善法〉办法》	江西省人大常委会	2019. 03. 28
《陕西省实施〈中华人民共和国慈善法〉办法》	陕西省人大常委会	2019. 05. 30
《北京市促进慈善事业若干规定》	北京市人民政府	2019. 10. 17
《慈善信托信息公开管理办法（征求意见稿）》	民政部	2020. 01. 08
《2020 年上海慈善事业促进工作要点》	上海市民政局	2020. 03. 20
关于《吉林省慈善条例（草案送审稿）》公开征求意见的公告	吉林省司法厅	2020. 06. 10
《吉林省实施〈中华人民共和国慈善法〉办法（草案）》意见的通知	吉林省民政厅	2020. 03. 03
《湖北省慈善条例》	湖北省人大常委会	2021. 05. 29
《山东省慈善条例》	山东省人大常委会	2021. 03. 24

2. 慈善信托监督机制逐步完善

慈善信托的健康发展，离不开监督机制的完善。慈善信托的监督包含社会公众监督和监管部门监督两个维度。2020 年，两方面都取得了新的进展。

根据《慈善法》《慈善信托管理办法》，任何单位和个人发现慈善组织、慈善信托有违法行为的，可以向民政部门、银行业监督管理机构、慈善行业组织等投诉、举报。2020 年 1 月 8 日，民政部发布的《慈善信托信息公开管理办法（征求意见稿）》进一步为舆论和社会监督的具体开展奠定信息基础。该办法对慈善信托公开信息进行细化，对信息公开时限予以明确要求，并鼓励公众、媒体对慈善信托信息公开进行监督，对慈善信托信息公开等方面违法违规行为进行曝光，发挥舆论和社会监督作用。

2020 年 11 月，广州市民政局印发实施《广州市慈善信托评估指引及指标体系（试行）》，填补了此项制度的国内空白。该评估指引明确了评估原则、对象和内容、组织和职责、评估程序、其他事项等。评估采取实地评估和书面审查相结合的方式进行。评估内容包括慈善信托的规范管理（32 分）、慈善目的的实现（24 分）、慈善信托的运用效益（24 分）和综合评价（共 20 分），四个指标共 100 分。在四个一级指标下进一步设计了二、三、四级评估指标，共设计 68 项具体指标。该指引的出台有利于规范慈善信托评估工作，进一步提升慈善信托的效益，促进慈善目的实现和慈善信托的有序发展。

3. 慈善信托在公益诉讼中的应用载入地方法规

除了慈善信托本身的法律法规不断完善之外，慈善信托在其他领域的应用价值也进一步凸显，并在地方法规中予以明确。深圳市出台生态环境公益诉讼地方性法规《深圳经济特区生态环境公益诉讼规定》，于 2020 年 10 月 1 日起正式实施，这是我国首个生态环境公益诉讼地方立法。生态环境公益诉讼包括生态环境民事公益诉讼和生态环境行政公益诉讼。其中，生态环境民事公益诉讼，是指人民检察院、有关行政机关和社会组织为了保护社会公共利益，对污染环境、破坏生态造成实际损害或者存在重大损害风险的行为，向人民法院提起的民事诉讼；生态环境行政公益诉讼，是指人民检察院对生态环境和资源保护等领域负有监督管理职责的行政机关违法行使职权或者不作为，致使国家利益或者社会公共利益受到侵害的行为，向人民法院提起的行政诉讼。

生态环境公益诉讼涉及的费用及生态环境损害赔偿金使用等方面在实践中存在一定的问题，一是提起生态环境公益诉讼过程中缺乏资金保障、规范管理等长效机制；二是生态环境公益诉讼判决的生态环境损害赔偿金需要专门的方式进行管理。《深圳经济特区生态环境公益诉讼规定》首次明确，深圳设立生态环境公益基金，基金来源于生态环境损害赔偿金和社会捐赠等，实行慈善信托管理。基金不仅可以支付提起环境公益诉讼的费用，也可用于生态环境损害的修复等。以信托的独立性和灵活性，赋予生态环境公益基金可操作性和公益属性，有利于发挥环境公益诉讼主体维护环境公共利益的积极作用，同时充分保障生态环境公益诉讼的诉讼利益真正用于生态环境修复。

(九) 理论研究持续深化

慈善信托在我国尚属新生事物。慈善信托的发展成熟不仅源于实践探索的推动，也离不开理论研究的支持。理论研究在归纳慈善信托原理、普及慈善信托理念、推动相关制度修订与完善等方面发挥着不可替代的作用。在报告期内，慈善信托实践案例不断丰富，慈善信托的理论研究也方驂并路。2020 年，中国慈善联合会首个慈善信托研究基地在杭州落成；由信托行业资深专家编撰的《慈善信托理论与实务》专著出版。

1. 慈善信托研究基地成立

中国慈善联合会慈善信托委员会与万向信托共同发起组建慈善信托研究基地，并于 2020 年 9 月在杭州万向信托西溪扶志堂正式揭牌。2020 年是我国制订“十四五”发展规划、全国人大开展《慈善法》执法检查的关键时期，慈善信托在社会经济整体发展中如何发挥更大的作用，亟待理论界突破、亟待专业的政策咨询机构给予支持。研究基地的成立，将为慈善信托研究领域搭建起平台，整合各方资源形成合力，助推慈善信托取得理论上的突破和实践上的创新。

2. 慈善信托理论与实务专著出版

由信托行业资深专家、中国人民大学信托与基金研究所执行所长邢成博士担任总主编，业内多位研究精英精心打造的“信托理论与实务”系列专著由经济管理出版社推出。系列专著结合最

图 30　慈善信托研究基地揭牌

新政策导向，紧紧把握当前信托业发展热点、焦点、难点问题，针对信托公司创新转型的重点业务领域，同步推出《资金信托理论与实务》《家族信托理论与实务》《慈善信托理论与实务》三部力作。其中，《慈善信托理论与实务》重点从当前信托行业发展慈善信托的业务实践出发，详细介绍慈善信托的设立、财产运用、产品模式、业务流程等实务操作，极具实操价值和学术价值，对于慈善信托的推广和普及具有重要意义。

（十）社会影响逐步显现

1. 资助项目取得显著成效

相比于一般捐赠，慈善信托更关注特定慈善领域的长期、可持续发展，采取有策略性和规划性的资助方式，致力于系统性的影响和改善。经过 4 年的发展，慈善信托运行的资助项目开始初步显现成效。

2016 年长安信托成立的“长安慈·山间书香儿童阅读慈善信托”，将金融模式注入回报社会的公益行动，支持专业的公益组织开展儿童阅读、教师培训等相关活动，带动更多社会力量持续支持教育资源匮乏的地区，培养儿童阅读兴趣，改善阅读条件，促进儿童全面发展，受益人涵盖贫困地区儿童、流动儿童、残障儿童等群体。多年来，长安信托工作人员与客户及志愿者共 2000 多人次，足迹遍及陕西、北京、山东、四川、浙江、辽宁、吉林、广西 31 个省（自治区、直辖市），为 50 多所学校 8000 余名孩子和老师捐赠约 3 万本图书和 8000 多件文体用品，建立近 200 个山村小学公益图书墙、公益教室及公益阅览室。

图 31　长安信托向山区儿童捐赠阅读包

中航信托联合中国扶贫基金会发起设立“中航信托·中国扶贫慈善信托”，用于以浆坑村为主的扶贫项目。通过因地制宜的产业扶贫，组建浆坑村航信黄桃种植专业合作社，建设锦绣黄桃产业基地，打造村里的支柱产业，带动村民增收。2019 年底，全村 28 户 110 名贫困群众全部实现脱贫摘帽。

由阿里巴巴公益基金会和民生通惠公益基金会共同发起，万向信托作为受托人的中国水源地保护慈善信托，2018 年出资 1000 万元落地了首个项目——千岛湖水基金。项目委托大自然保护协会（TNC）担任科学顾问开展环境保护工作，万向信托担任受托人进行资金及事务管理，以“公益的心态、商业的手法”实现对水源地的长效保护，并改善农户生产方式及环境意识。经过将近 3 年的保护和治理，千岛湖水基金探索出科学的水稻和茶叶种植方式，有效减少土壤中氮磷流入对水源造成的污染，实现水质从Ⅴ类提高到Ⅱ类。同时，基于护水成效和农产品品质，予以护水补偿或对接销售资源，有效促进当地农户增收。

2. 入围“中华慈善奖”拟表彰名单

“中华慈善奖”是由民政部颁发的我国政府最高规格的慈善奖项，已连续评选 11 届，是中国慈善领域最权威、最有影响力、参与力度最高的奖项。第十一届“中华慈善奖”共有 11 项慈善信托进入候选名单，经过评选，3 项慈善信托入围拟表彰名单，分别是光大信托申报的“光大信托·定点扶贫系列慈善信托”、五矿信托申报的“五矿信托三江源系列慈善信托”、广东省和的慈善基金会申报的“顺德社区慈善信托”。最终入围的慈善信托均具有规模大、运行时间长、资助效果显著等特点，并在扶贫济困领域作出突出的贡献，具有极高的示范性和社会影响力，是值

图 32　万向信托千岛湖水基金水稻示范田

得其他慈善信托借鉴的典范。

（1）光大信托·定点扶贫系列慈善信托

光大信托·定点扶贫系列慈善信托，是光大信托与光大集团总部及系统内多家兄弟企业联合发起的系列信托计划，已有 10 单定点扶贫慈善信托备案，包括“光大集团·定点扶贫慈善信托 2019”“光大银行·定点扶贫慈善信托 2019”“光大信托·定点扶贫慈善信托 2019”“光大证券·定点扶贫慈善信托 2019”“光大保险·定点扶贫慈善信托 2019”“光大控股·定点扶贫慈善信托 2019”“光大金瓯·定点扶贫慈善信托 2019”“光大实业·定点扶贫慈善信托 2019”“光大科技·定点扶贫慈善信托 2019”“嘉事堂·定点扶贫慈善信托 2019”。该系列信托计划资金已成功向湖南省新化、新田、古丈三县拨付 4810 万元，用于乡村医疗、教育、产业和综合服务等领域的扶贫支持。

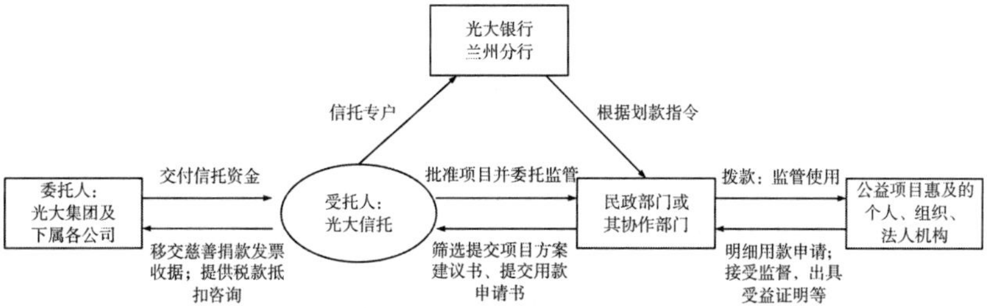

图 33　光大信托・定点扶贫系列慈善信托交易结构

（2）五矿信托三江源系列慈善信托

五矿信托三江源慈善信托（以下简称“三江源慈善信托”），慈善目的覆盖扶贫济困、生态环保、文化发展等多个领域。累计募集资金 2637.432 万元，累计支出 2401.318 万元，深度参与脱贫攻坚、生态保护、抗击疫情等国家重大工作部署，以信托实践提升与推动公益事业发展。

在扶贫方面，累计投入 2027.532 万元用于产业扶贫、教育扶贫、基础设施扶贫及易地扶贫搬迁等扶贫事业，帮扶 795 名困难学子，904 户建档立卡贫困户直接受益。受三江源慈善信托支持的甘肃省临洮县、贵州省六枝特区已于 2019 年成功实现“减贫摘帽”。生态环保方面，累计捐助 227 万元支持三江源地区生态保护建设。在抗击疫情方面，三江源慈善信托募集资金用于疫情防控并救助其造成的损失，包括向一线医务人员提供防疫保障、支持疫情后期的公共卫生事业等。

（3）顺德社区慈善信托

顺德社区慈善信托源于 2017 年 7 月 25 日何享健家族通过广

东省和的慈善基金会发布60亿（其中包括1亿美的股权捐赠和20亿现金捐赠）和的慈善捐赠体系，通过“慈善信托+基金会”的模式建立了慈善事业的永续机制，持续参与到公益慈善事业。顺德社区慈善信托委托人为美的控股有限公司，受托人为广东省的慈善基金会、中信信托，初始规模为4.92亿元人民币，为永续慈善信托。慈善信托执行人由德胜社区慈善基金会担任。

顺德社区慈善信托累计分配4630万元至顺德社区慈善信托的执行人德胜社区慈善基金会在顺德205个村居开展“和美社区计划”，共资助教育发展、社区照顾、社区营造、行业支持等领域的项目164个，覆盖10个镇街94个村（居）委会，直接受惠人数6.48万人，以实现幼儿有优育、长者有照顾、文化有传承、社区有力量的战略目标，用实际行动关注回应顺德社区发展需求，促进顺德和美社区建设，助力顺德构建共建共治共享的社会格局，助推顺德社会建设事业的高质量发展。

四、慈善信托前景展望

未来5年，既是“十四五”规划实施之年，也是实现第一个百年奋斗目标、开启第二个百年奋斗目标新征程的承前启后之年。站在历史交汇点上，这份新时代新征程的逐梦蓝图关乎14亿中国人民的未来福祉。慈善不只体现一个国家的温度与情怀，更是实现国家百年奋斗目标的巨大助推力量。《中共中央关于制定国民经济和社会发展第十四个五年规划和二〇三五年远景目标的建议》提出：发挥第三次分配作用，发展慈善事业，改善收入和财富分配格局。慈善事业开始成为社会主义基本经济制度中分配制度的组成部分，其重要性进一步提高。作为慈善事业的新型参与方式，慈善信托的发展也将获得更多鼓励与支持。展望未来，慈善信托将进一步朝着规范化、透明化、大众化不断前进，心有所向，未来可期。

（一）信息披露继续加强

信息披露制度是慈善信托作为新型慈善方式的一个重要优势。充分的信息披露，有利于加强社会公众对慈善信托的监督，提高慈善信托公信力，树立良好的社会形象。

从法律层面来看，现行法律对慈善信托的信息披露仅有原则性的规定，而缺少详细的规范。《慈善法》规定慈善信托的受托人应当每年至少一次将信托事务处理情况及财务状况向其备案的民政部门报告，并向社会公开。《慈善信托管理办法》规定了受托人应当在民政部门提供的信息平台上，发布以下慈善信息，并对信息的真实性负责：1. 慈善信托设立情况说明；2. 信托事务处理情况报告、财产状况报告；3. 慈善信托变更、终止事由；4. 备案的民政部门要求公开的其他信息。同时规定，慈善信托的受托人应当于每年 3 月 31 日前向备案的民政部门报送慈善信托事务处理情况和慈善信托财产状况的年度报告。

实践中，不同受托人对慈善信托信息披露的标准差异较大，披露的内容、口径和详细程度均具有一定的随意性。例如对于资助项目，部分受托人披露十分充分，将慈善信托资金的最终使用明细、捐赠票据和资金划转凭证均予以公示；而部分受托人披露得较为笼统，仅披露到执行方，未公布最终受益人的详细信息。此外，信息披露的途径亦未统一。据不完全统计，在近 90 家慈善信托受托人中，约有 6%通过官网披露慈善信托年度报告，有 13%通过全国慈善信息公开平台“慈善中国”进行披露，13%在官网和“慈善中国”上均进行披露。

不规范的信息披露阻碍社会公众和舆论对慈善信托活动的监督，业内对制定统一的慈善信托信息披露标准也多有呼吁。2020 年 1 月，民政部公布《慈善信托信息公开管理办法（征求意见稿）》（以下简称“征求意见稿”），面向社会各界征求意见。征求意见稿对慈善信托设立、存续和终止环节的信息公开作出指引，要求信托受益人范围及选定的程序和方法发生变更的，应公布变更后的受益人范围及选定的程序和方法；还要求在年度报告中公布委托人、受托人及其管理人员有关关联交易情况。除了对披露的内容进行规范之外，信息披露的途径也亟待统一，应进一步发挥“慈善中国”的平台作用，使之成为慈善信托信息披露的统一途径，同时鼓励受托人在各自的官方网站上进行同步披露，为社会公众和舆论监督提供更多渠道，推动慈善信托的公众认知和社会公信力迈上新的台阶。

（二）税收优惠政策出台

根据《慈善法》规定，慈善信托不按规定报民政部门备案不享受税收优惠。由于缺乏相关执行细则，无法将慈善信托的税收优惠落到实处。税收优惠政策迟迟无法落实，成为掣肘慈善信托发展的主要因素之一。

值得注意的是，疫情期间财政部、国家税务总局联合发布《关于支持新型冠状病毒感染的肺炎疫情防控有关捐赠税收政策的公告》(财政部 税务总局公告 2020 年第 9 号，以下简称《公告》)。《公告》指出，为支持新型冠状病毒感染的肺炎疫情防控工作，企业和个人通过公益性社会组织或者县级以上人民政府及其部门等国家机关，或直接向承担疫情防治任务的医院捐赠用于应对新型冠状病毒感染的肺炎疫情的现金和物品，允许在计算应纳税所得额时全额扣除；单位和个体工商户将自产、委托加工或购买的货物，通过公益性社会组织和县级以上人民政府及其部门等国家机关，或者直接向承担疫情防治任务的医院，无偿捐赠用于应对新型冠状病毒感染的肺炎疫情的，免征增值税、消费税、城市维护建设税、教育费附加、地方教育附加。尽管这一特别规定并不直接利好慈善信托，但是鉴于税收优惠政策需要系统性的制度安排，或许在短期内可以参考上述《公告》，在税收方面以特别规定的方式对慈善信托予以鼓励。

（三）建立民众参与机制

在我国传统语境下，慈善往往被认为是富人专属的“奢侈品”；而信托受资金信托、家族信托影响而带有高门槛的“光环”，让普通人感到触不可及。慈善信托也因此很容易被理解为仅与富裕阶层相关，而与普罗大众无涉。然而就海外实践而言，如美国、日本等发达国家，慈善资产80%来自民间，这其中有富裕人群，但更多的则是普通民众。每个人心中都有慈善的种子，满足民众的现实慈善需求，激发民众的潜在慈善需求是慈善信托的使命与责任。我国慈善信托要取得长远发展，建立民众参与机制是关键。

建议以宣传促进慈善信托文化和理念普及，在全社会营造人人心怀慈善、人人参与慈善的浓厚氛围，让慈善信托人人皆可参与的认知根植于民众；同时以科技赋能，提升慈善信托服务的可及性和公众参与的便捷性，让慈善信托真正触达实际需求；最后，以“慈善+”的方式倡导大众参与，通过“慈善+团建”“慈善+投资”“慈善+教育”等创新组合打通慈善信托与人们日常生活的连接，达到慈善信托与多领域的广泛融合。在多元化倡导方式的推动下，慈善信托将进一步走入大众生活，拓展出新的边界和空间。

（四）引入公共受托人制度

在抗击疫情的过程中，慈善信托充分发挥信托制度优势，在引导公众参与、整合社会资源、精准对接需求等方面彰显重要的社会价值。而面对如此大型的、涉及全国甚至全球的突发事件，无论是基金会还是慈善信托受托人，作为单个组织都会因自身在全局性、前瞻性、权威性、系统性等诸多方面的局限，难以找到最直接、最简单、最高效的方式来应对。例如在信息方面，单个慈善组织或慈善信托在短时间内均无法掌握全面而精确的信息，就有可能造成抗疫物资没有送到最需要的部门或者人员处，无法实现最合理的资源配置。

针对疫情期间各慈善组织或机构出现的人手不足、欠缺经验等一系列问题，中国慈善联合会慈善信托委员会主任委员蔡概还建议我国引入公共受托人制度，专门负责应对全国性的疫情或灾情，并做好相关善后受托工作。公共受托人按照信托法原理构建，可以是国家机关，也可以是经政府授权行使公共受托人职责的事业单位或其他组织。面对疫情或灾情，公共受托人能够代表国家发挥统筹调配作用，统一受托管理捐助财产，并上传下达，制订统一方案，具体由慈善组织实施救助。在疫情、灾情结束后，公共受托人还可以代表国家继续受托管理尚未使用完毕的捐赠财产，或者将剩余捐赠财物移交慈善组织或者慈善信托并监督其依法使用；同时，还可以受托管理因疫情、灾情失去亲人的未成年儿童、老年人、残疾人等特殊人群的财产，作为兜底性的财产管理机构。相信公共受托人制度的建立，将会进一步提升慈善信托在疫情灾情救助方面的作用，丰富慈善信托的内涵。

第二部分
专家解读

基金会发展慈善信托服务研究

高传捷*

基金会是我国公益慈善事业的重要组成，是慈善组织的主体力量，在解决社会问题、促进社会进步中承担了关键工作、做出了光荣成绩。为完成好“第三次国民收入分配”任务，向社会提供更好的慈善服务，学习、提供慈善信托服务是基金会需要研究的重要课题。

---

* 信托制度研究专家，中国银监会非银司原司长；特华博士后指导教师，中国公益研究院特聘研究员。

曾在国务院办公厅、中国人民银行、中国银行保险监督管理委员会、中国投资有限责任公司、中央汇金投资有限责任公司、中国建银投资有限责任公司、中建投信托股份有限公司、光大集团股份公司等单位服务；长期研究我国信托事业科学发展，参与《中华人民共和国信托法》《中华人民共和国慈善法》立法工作，主持并推动我国营业信托经营与监管制度建设、慈善信托与民事信托制度建设与推广；主持完成《信托产业深化改革与科学发展研究》，并获 2018 年第十届全国优秀生产力理论与实践成果奖和发展先进生产力杰出贡献奖特等奖。

一、问题缘起

2016年《慈善法》确立慈善信托制度，开启信托制度服务中国慈善事业的新篇章。与营业信托、民事信托不同的是，慈善组织和信托公司被“点名”法定为慈善信托受托人。

慈善组织是《慈善法》规范的新型慈善主体。截至2020年底，全国基金会、社会团体、社会服务机构三类社会组织约89.4万个；其中，基金会8385家①。截至2021年3月20日，全国已登记慈善组织10109家②。信托公司是经过第五次整顿后保留的信托营业机构，现有68家。考虑到现阶段慈善组织的主体是基金会，本文着重研究基金会作为受托人的慈善信托服务发展。

2016—2020年底，全国共设立慈善信托537单。其中，信托公司担任受托人480单；基金会单独担任受托人44单，基金会和信托公司共同担任受托人13单，基金会合计担任受托人57单③。面对这个数字，人们会问，都是慈善服务，都是法定受托人，为什么那么多基金会不做慈善信托？原因是什么？

据了解，大多数基金会不做慈善信托的原因很多。比如，现有慈善信托制度不完善；慈善信托税收和捐赠优惠政策不健全；

① 《2020年4季度民政统计数据》。
② 《慈善中国》，2021年3月20日。
③ 《2020年中国慈善信托发展报告》。

慈善信托宣传不够、社会不了解、服务需求少；基金会各有各的宗旨和服务选择，与慈善信托委托人的要求有差异；基金会不熟悉慈善信托，也没有适合的人才等。2020 年 11 月广州基金会平行论坛开会前所做问卷调查显示，70%被调查基金会表示，他们不做慈善信托是因为“不熟悉”“不懂”“不会做”！

在我国立法习惯和制度环境下，引入一种制度，从基本制度到具体规则会有一个逐步完善的过程。其中，各方面对新制度实施必要性有统一认识很重要。《慈善法》施行后，慈善信托的知识宣传、政策研究、制度完善、能力形成、监管安排等都准备不足。基金会熟悉公益慈善事务，不熟悉信托和慈善信托；信托公司熟悉营业信托，不熟悉公益慈善和慈善信托，因而有各种看法很正常。相比信托公司较快地有所行动，基金会对慈善信托服务行动比较慢。对此，慈善组织、基金会向社会提供慈善信托服务的必要性、合理性需要统一认识是一个重要问题。

公益慈善界不熟悉信托制度，对引入公益慈善信托的必要性、合理性认识不统一，16 年前就已存在。2004 年《慈善法》起草、2014—2016 年《慈善法》审议、2016 年 10 月《慈善法》施行时，都有人问我，为什么基金会要做慈善信托？有人说，现阶段中国每年捐赠总量大约 1000 亿元，发展慈善信托会导致信托公司与基金会竞争慈善资源，影响基金会发展；还有人说，我国已经有了慈善捐赠和基金会制度，为什么还要建立慈善信托制度，等等，各种看法还有一些。笔者认为，慈善信托对我国慈善事业发展具有必要性、合理性是具有根本性的问题；回答这个问题还要从慈善信托制度本身说起。

二、慈善信托制度符合慈善事业发展规律

（一）慈善信托制度的基本架构

慈善活动出现已有几千年，它以纷繁多样的形式呈现出本质：慈善是促进人类族群公平公正、健康繁衍的方法；是人类传播优秀品德与文化、提升社会文明程度的方法；是解决社会问题、促进社会进步的方法；它的基本形态是将社会财富从私人领域转移至社会公共领域，为特殊目的管理运用社会财富。

从古至今，慈善财产管理有多种形式，最多的是“三方结构”。即在慈善活动中，财富所有人将私人财富转移给财富管理人，由财富管理人管理财富并运用于社会公共领域或输送给适合的受益人。财富所有人—财富管理人—财富受益人组成一个“三方结构”，它的优势是：财富转移效率高、财富运用决策效率高、财富转移活动易于监督。

1601 年，英国用法律固定了慈善信托的“三方结构”，即“委托人（捐赠人）—受托人—受益人”；现代公益慈善主体制度都实行“三方结构”的慈善财富转移、管理、运用形式。

2000 多年来，中国慈善财富管理也使用“三方结构”。距今 900 多年北宋范仲淹规范的“义庄”是典型案例。义庄的财产管

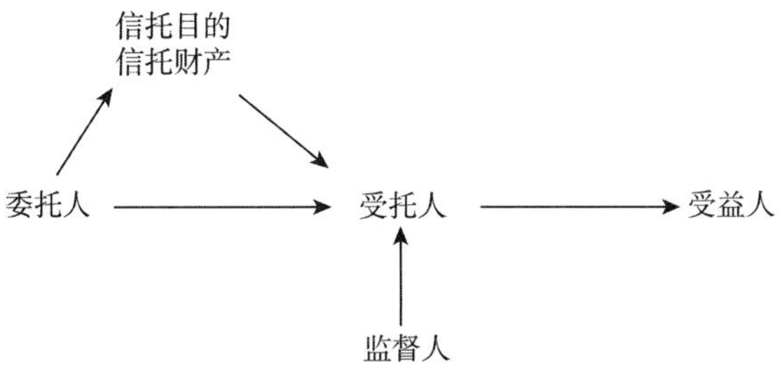

图 34　慈善信托的“三方结构”

理模式是：范家是委托人；受托管理人是族中的贤能与长者；受益人是家族、社区、社会；财产是范家土地和雇请劳务的费用；目的是帮助族内外需要帮助的人；监督人是范氏宗祠和宗族长者。义庄、义田、义塾、义学等制度曾在我国农村广泛使用，对中华民族传统文化传播、发扬发挥了重要的基础作用。

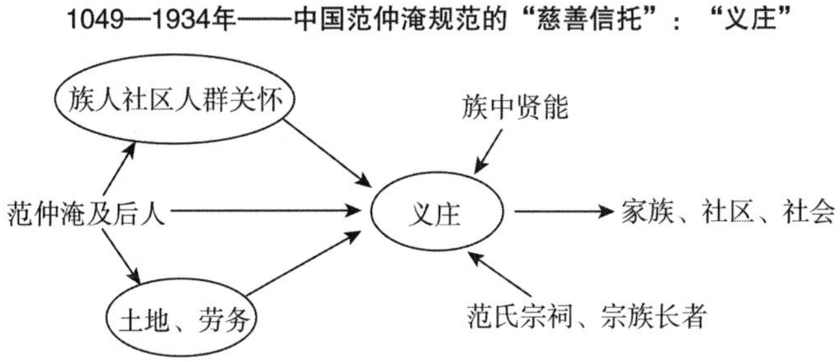

图 35　范仲淹规范的“慈善信托”——义庄架构图

新中国农村五保户制度同样使用了“三方结构”。1950—2021 年，我国农村实行五保制度，这是一个供养老年人的“信托”：人民政府是委托人，“受托人”是村委会，受益人是符合条件的老年人；政府拿出钱财、实物、劳务费用等财产；目的是帮助鳏寡孤独老年人的生养死葬；监督人是民政部门。2006 年国务院再次发布《农村五保户供养条例》，至今仍在使用中。

1950—2020年——新中国农村五保制度

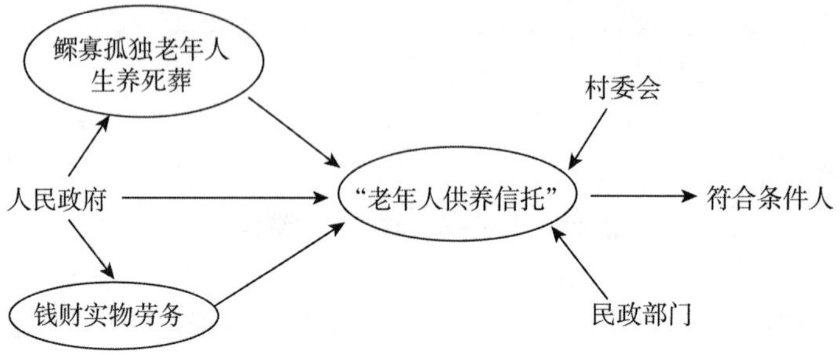

图 36 新中国五保户制度的财产管理结构图

义庄、五保户和我国历史上实行的多种慈善制度都不是今天严格意义上的慈善信托制度，但它们都实行特殊财产管理的“三方结构”。国内外长期历史证明，“三方结构”是适用公益慈善事业发展的财产管理结构。

基于“三方结构”，慈善信托建立了慈善活动当事人的权利、义务、责任的法律结构，使它成为传播范围广、影响程度深的慈善制度。

（二）慈善信托的制度特征

慈善信托最早的成文法是英国1601年《慈善用益法》。此后，根据长期的自主选择、经验总结、司法判例、监管规则形成了适合于慈善活动使用的制度体系。其主要特征是：

第一，强调社会公共利益第一的原则，信托财产所有权与受益权分离，委托人交付财产，受托人遵照社会公共利益原则管理财产，把财产利益输送给特殊的受益人、受益领域。

第二，在确定信托目的等各信托要素时，高度尊重委托人意愿自由，要求受托人灵活受托、严格遵从；据此而衍生出设立手续简便、资金“门槛”低、运行成本低、专业高效等制度特色。

第三，弘扬慈善文化与价值观，慈善信托受托人在使用信托财产时传播慈善文化与优秀道德情操。

第四，受托人对慈善信托事务的管理得到充分授权、接受概括约束、承担信托义务。

第五，以保护信托财产为核心，形成一整套信托财产独立、信托管理连续、信托责任有限、破产隔离等制度规范。

第六，慈善信托依法享有税收支持、公权力监管、特殊制度救济三项慈善特权。

在社会公共利益约束下，尊重委托人慈善意愿自由具有特殊重要的意义，对慈善信托推广产生了基础性影响，其制度效应体现在：

一是充分调动、有效保护社会公众参与慈善活动的积极性。

二是意愿自由使得慈善目的多样化、分散化、动态化，使委托人、受托人可以按照“公益效率”原则帮助“最需要帮助”“最值得同情”的受益领域、受益人，适应慈善资源运用的长期存续（5 年来，我国已设立慈善信托的信托目的全覆盖了《慈善法》规定的 6 类 19 种慈善目的）。

三是意愿自由使慈善资源运用方式优化，对同一类社会问题、不同信托发挥各自智慧与资源采用不同解决方案、精准配置慈善资源（几年来，我国 300 余单扶贫慈善信托提供了完全不一样的解决方案，实现创新扶贫）。

四是意愿自由使慈善财产管理优化，使人们根据目的、期限、管理、运用、风险偏好、财产类型等自主选择慈善财产的管理方式，有利于慈善财产实现保值增值与良好运用。

五是意愿自由使得慈善文化与价值观传播多样化，发挥文化力量、财富力量解决社会问题。

委托人意愿自由的理念起自几百年前，经过长期实践，这一理念已经成为成熟的规则，它与现代慈善文化中关于慈善主体的自觉认识、自发行为、自主决定、自由支配，自主意识、权利意识等理念与委托人意愿自由的制度紧密相连、一脉相承。无论在古代或现代，慈善信托委托人慈善权利自主都有制度性保障，使人们建立起对慈善信托制度的基本信任和使用习惯。历史证明，主张慈善主体意愿自由的慈善信托既可以成为一个国家慈善事业的主体理念与制度，也可以成为依托公共资源、国家行政主导的福利社会慈善制度的有益补充。

为保障慈善意愿自由和信托财产有效、安全使用，受托人行为和信托财产管理成为制度设计中高度关注的核心。在经历了曾经出现的“无良贪婪小人”和大量“丑闻”、负面事件后，慈善信托有针对性推进制度完善、形成具体的管理规则，如受托人信托目的遵从义务、受托人信义义务（忠实、谨慎、信息披露等多项法定义务束与“信托违反”惩罚）、信托财产独立性原则（信托财产分账分户、分别管理、连续管理等）、公信力原则、公权力监管与近似原则等制度救济。这些规则没有停留在虚化的道德劝说，而是建立了有理念、符合实际的操作规则，保障了慈善信托的健康运行。慈善信托制度深刻影响了后世的慈善事业，很多国家慈善事业主体制度都可以看到信托的“影子”：尊重慈善主体意愿自由；慈善财产管理的“三方结构”；慈善财产管理人受到“信义义务”约束；财产利益按照社会公共利益原则转移给受益人等。

（三）慈善信托与慈善捐赠的制度异同

我国基金会现行运行的主体模式是“捐赠人+基金会（受赠人）+受助人”模式；基本架构是：捐赠人依照民法的“赠予制度”向基金会捐赠慈善财产，基金会虽是“慈善赠予”的受赠人，但不能像普通“赠予”“附扶养协议赠予”的受赠人一样享有财产利益，必须按照《捐赠协议》将赠予财产的财产利益交付给《捐赠协议》规定的“受助人”，形成财产权与受益权的分离。这样的架构与慈善信托的“委托人+受托人+受益人”模式在基础理念、制度特征、规则设计、具体操作等方面既有共同点又有区别。共同点是：“慈善捐赠”下的两权分离的情形与信托制度下信托财产所有权与信托财产受益权分离的情形相一致；慈善捐赠与慈善信托的财产都要求用于慈善事业；财产管理都是“三方结构”；等等，这些特点构成了慈善捐赠和慈善信托的共同点。

捐赠与信托的区别，第一，基础法律制度不同，一是赠予、一是信托。第二，依基础法律制度形成的捐赠人、受赠人和委托人、受托人的权利义务不同，如慈善财产管理的权利设定，运用财产承担的义务，捐赠财产与信托财产的独立性与连续性，制度性救济措施等。第三，受赠人和受托人对慈善财产管理运用、存续期限、保本用息、慈善财产强制性支出等方面行政管理制度各有特色。

两种制度相同与不同，使得慈善活动主体可以根据自我需求选择不同的制度、实现不同的慈善效果。举世共识是：慈善制度多样化适应慈善主体需求多样化，有利于慈善事业发展，这是很多国家同时建立慈善捐赠与慈善信托制度的基本原因。

需要特别指出的是，在国外，没有任何国家规定不能向慈善信托捐赠财产；相反，国家通常鼓励人们向慈善信托捐赠，以帮助慈善信托增加信托财产、实现健康发展。

三、慈善信托制度符合我国社会实际与基金会发展

（一）慈善信托在我国慈善制度中具有独特的制度规范

为保障慈善参与的合法权益、依法合规、实现慈善目的，选择适合的制度是社会财富转移人首先面对的问题。在我国制度环境下，慈善活动有 14 种制度可供选择，它们是自我慈善、慈善捐赠、慈善信托、基金会、志愿者、各类社会组织等；其中，属于

信托制度或以信托原理为基础制度的有：慈善信托、家族慈善信托、普通信托、特定目的信托、专项基金、DAF 基金等。

与设立基金会需要一次性拿出 200 万元或需要长期承担管理职责的非营利社会组织相比，利用信托制度最浅显、直白的理由就是制度效益好，慈善信托和其他参与慈善活动的信托都具有以下特点：一是设立简便。二是初始资金需要少，即平时所说的“设立门槛低”。三是专业人员运行，可以依法变更。四是日常运行成本低。五是慈善事务管理自主意愿高，具有提高公益效率的空间。六是财产独立、账务清晰，监督方便。这样的制度适合在我国推广使用。

从宏观角度看，向社会推广大范围使用的制度必须是经过实践检验的制度，它有利于提高慈善资源“筹集、管理、运用”的总体效益。慈善信托对全国慈善资源总量增加与结构优化两个方面具有积极意义。基本理由是虽然目前慈善信托发展慢、数量少，对社会慈善资源总量增加影响很小，但未来总量增加具有较大空间；基于自主意愿、专业管理，慈善存量具有结构优化的趋势。

一般地，慈善信托与慈善捐赠具有相互替代作用，但通过具体分析可以看出，这种相互替代并没有对慈善事业的总体产生消极作用。到 2020 年末，全国已设立慈善信托初始财产累计约 33.3 亿元，信托财产累计余额约 170 亿元；其中，确有一部分来自过往使用捐赠制度的财产。表面看，慈善信托与“慈善捐赠+基金会”模式产生了竞争，具体分析“竞争”的情形可以看到：

第一，从2014—2019年，全国社会捐赠总额5年平均每年1300亿元，总量大体稳定[①]；慈善信托5年算术平均每年6.6亿元；慈善信托对年度慈善捐赠总量的影响可以忽略不计。

第二，慈善资源从捐赠改为信托进入慈善事业，慈善“蛋糕”总量没有变小；由于能够同时接受慈善捐赠和提供慈善信托服务，基金会管理的慈善资源总量也不会有明显减少，除非年度慈善资源总量发生较大的变动。

第三，慈善信托制度满足了更多慈善参与人的愿望，可以动员新增慈善资源进入；资源总量的“蛋糕”扩大，对基金会发展同样具有促进意义。

第四，具体到某个特定基金会，如果它不提供慈善信托服务，慈善捐赠改为慈善信托后确实会减少资金来源，但这反倒证明，无论基金会总体还是个体，都应该在慈善领域国家基本制度创新的历史时刻与时俱进，及时掌握慈善信托工具，更好地满足社会需要才是。

今后，随着慈善信托逐步承担起大中小各类慈善资源转移，慈善信托参与人从少到多、财产数量从小到大、慈善文化传播由弱到强、社会问题解决范围由窄到宽，社会进步促进效应将会越来越明显，慈善信托必然会分流一部分捐赠财产，但社会后果是，便利了人民群众更多地参与慈善活动、参与社会进步，对全社会无疑具有重要的积极意义。随着税收支持、财产登记、捐赠制度完善，信托财产具备大幅增加的可能，总体评估，慈善信托

① 《中国慈善发展报告蓝皮书（2020）》，43页。

将给慈善事业、基金会发展带来宏观的正向制度效应。

如同慈善捐赠制度有优势有不足一样，慈善信托同样有不足之处。例如，高度意愿自由与信托目的遵从，使慈善信托的架构不易规范；繁简不一的灵活管理与运行方式，给社会监督与公权力监管带来困扰；个性化、多样化的信托设计，不易实现高效、规模化动员慈善资源；等等。这些制度性不足都可以通过实践创新得到解决。

（二）慈善信托适合我国的慈善资源分布规律

随着我国经济、社会快速发展、社会财富快速增加，可向慈善领域转移的“私人”财富越来越多。其分布规律是：

第一，社会财富基本类型是现金、银行存款、有价证券、多类型动产、不动产、财产权益、无形资产 7 大类。

第二，社会财富集中于两类群体，第一类群体是有实力的机构、社会组织、高净值家庭，第二类群体是普通家庭、广大人民群众。

第三，两类群体的基本分布是：第一类群体财富实力较强，多分布于大型城市和经济发达地区；可转移财富数量大、类型多；转移和转移后的慈善财产管理比较复杂，需要具备较高的专业水准。第二类群体财富实力不强，地域分布广泛；可转移的财富数量小、类型少，多以现金为主，转移和转移后的管理要求一般比较简单。

为了动员社会财富进入慈善领域，适应社会财富分布规律的慈善制度需要管理制度匹配、服务获得性匹配、财产管理能力匹配。

慈善信托本质上是财产管理制度，它把保护财产作为制度设计的核心，形成了一整套以财产独立性为基础的管理制度，要求受托人遵守财产独立、分别管理、亲自管理、勤勉尽责、过错赔偿、财产连续、责任有限等制度，以保障信托财产安全，这样的制度特色适合人们将自己的财富使用这样的制度管理。

服务获得性匹配是指我国慈善信托受托人的分布状况可以使两类群体比较容易实现服务获得。与第一类群体分布范围相适应，各地有信托公司和大中型基金会，可以实现数量较多、类型复杂的慈善财产管理服务。第二类群体虽分布广泛，但财产数量较小、财产多为现金、管理要求不复杂，大多数中小基金会可以提供财产管理服务。

财产管理能力匹配是管理慈善机构的财富管理能力能够胜任财产需求。根据财产数量、形态、使用目的，以灵活的组织形态、依靠自己或外部机构管理不同类型的财产管理风险、获取收益是对信托受托人的基本要求。从国外慈善信托发展实践看，慈善信托受托人有效地管理了大型机构、高净值家庭和超高净值家族转移的数量大、类型复杂的财富，实现了长期运行。同时，响应普通群众需要，设立了数量众多的中小型慈善信托。在英国，人们可以用5000英镑或更少的资金设立慈善信托，不用在监管部门登记；委托人自己担任受托人、免费无偿管理慈善信托，向周边社会公共利益与特定人群提供帮助。

现阶段，我国大型城市、经济发达地区的第一类群体设立慈善信托，可以得到信托公司的管理服务；如果是基金会担任受托人，也可以依托外部专业机构履行财产管理职责。如果第二类群体设立慈善信托，主要可以由就近设立的基金会担任受托人管理慈善财产。由于慈善财产数量少、类型简单，经过培训后具备亲自管理能力、依托外部专业机构、依托行业组织支持都可以承担慈善财产管理服务。

慈善信托能够管理不同群体的不同类型财产的原理是，受托人高度尊重委托人意愿自由，得到高度信赖、充分授权，对慈善财产的管理方法“自动”保持“择优汰劣”：凡是不适合实际需要的规则、方法不会有人使用，甚至受到监管约束，也不会长久流传；凡是依法合规、交易成本低、管理效率高、运行风险小、缺陷少的规则、方法受到欢迎，不断有人使用，形成普遍规则，实现管理目的。

在具体操作规则方面，慈善信托设立手续简便、门槛低、存续期限灵活、运行成本、专业管理、资产保值增值、资金使用形式、受益人类型、受托人责任与报酬、公信力可预期、公权力监督等方面特点，易于满足两类群体个性化愿望；受到衡平法影响，“良心”正义、公平公正等信托制度的理念，使受托人尊重不同群体的平等财产权利，平衡地帮助不同群体把私人财富转移到社会公共领域，因而能够兼顾两类群体对慈善财产的管理需求。

传统上，慈善信托财产以不动产为多；在现代社会以货币、股权类财产为多。根据国际经验，伴随社会经济发展，不动产、股权类财产进入慈善领域所占比例将逐渐增加。现阶段，现金财产是我国社会财富进入慈善领域的主要形式，今后，现金、不动产、股权将成为信托财产三大主要形式，管理的技术会越来越复杂。目前，部分中小基金会慈善财产管理能力不足，担任慈善信托受托人、管理信托财产的能力匹配问题面临挑战。

借鉴 1993 年以来英国设立“慈善共同基金”的经验，2020 年“深圳市基金会发展促进会”设立了服务中小基金会的“深圳慈善共同基金”，成功代 25 家（次）基金会管理了 4. 18 亿元慈善财产。这一成功探索为依托财富管理市场，帮助广大中小基金会履行慈善信托受托人职责、管理慈善财产打开了新的途径。

慈善信托财产得到良好管理不是天然形成的，人才建设、内部控制、外部监管都发挥了重要作用。几百年来，围绕不同类型慈善财产的管理，规则完善、能力培养、监督制约、过错惩罚等项措施都为慈善资源优化管理发挥了关键作用。

（三）慈善信托受托人的分布结构适合慈善服务需求的分布结构

境外慈善信托社会分布的特点是，第一类群体委托人多集中于经济发达地区，他们所设慈善信托数量少，信托财产金额大、结构复杂、管理要求高，多集中于大城市，服务范围广。第二类群体的委托人比较分散，所设慈善信托数量多、平均金额小，结构简单、管理要求不高，所设慈善信托分布在广大城乡，服务范围比较聚焦。

我国现有四级行政区划单位，一、二级省地行政区 367 个，三、四级县乡行政区 42731 个[①]。一、二级行政区划单位占全国区划总量的 1%，是第一类群体和大中型基金会、信托公司的主要分布区，慈善服务可以比较方便地获得。三、四级行政区划单位占全国区划总量的 99%，是第二类群体和中小型基金会、信托公司少量派出机构的分布区，这里慈善需求相对较高，慈善服务存在密度远远低于一、二级地区。

现实生活中，信托公司到三、四级行政区提供慈善信托服务有实际困难，能够就近提供慈善服务和慈善信托受托服务的只能是当地的慈善组织、基金会。如果考虑到乡村产业振兴、乡村文化、乡村社会振兴与发展，慈善服务向基层下伸的趋势将更加明显，基层慈善服务面临发展指导方针的选择。

目前，全国已有 8385 家基金会，它们从总体上呈现数量多、分布广，慈善宗旨多样、慈善经验丰富，利用地利、人和、专业优势就近向社会提供慈善信托服务具有慈善服务布局、专业结构、区位分布、服务人员本地化的优势，信托公司无法比拟，其他机构也无法替代。从理论上讲，不论慈善信托目的类型如何，都能找到可以担当受托人的基金会。特别是由于长期从事慈善活动，具有社会资源和公益项目经验，基金会提供方便获得、贴近服务的慈善信托受托人完全具备条件，鼓励发展基层慈善信托服务应该是三、四级行政区慈善服务发展的指导方针。

① 《行政区划》，360 百科。

在基层发展慈善信托，当地中小基金会能够承担适格的受托服务吗？数量较多的慈善信托在安全运行方面会不会发生什么问题？笔者认为，贴近基层的慈善信托，有助于关心最基层的受益人；服务半径小、慈善需求能够就近快速响应，公益效率高；“人头清”、情况熟，有利于落实国家对特殊群体的关怀与帮助；中小慈善信托管理不复杂，适合基层基金会的管理能力；凭借慈善信托公信力的制度传统和民政部门的监管，身边的受托人易于受到社会监督；通过不断累积，中小基金会管理了数量较多存续时间长的慈善信托后，累积的服务收费可以提高基金会的生存能力和慈善服务能力，促进中小基金会健康发展。因此，经过培训的中小基金会担任受托人，在科学的监管约束与帮助下，依法合规履行职责，在广大城乡为“多、散、小”的慈善信托服务，不会对全国慈善事业发展大局带来大的风险。

从慈善事业发展大局看，如果各地设立了大量中小慈善信托并保持健康运行，不仅能够通过信托目的实现服务当地社会，优化微观层次小微慈善活动的运行、积累我国慈善事业公信力；同时，它们发自慈善活动源头的信息集合起来还可以对地区乃至全国特定社会问题的情形与解决方案提供积极的创新示范与优化效应，从宏观上促进有效率地解决社会问题。

中国慈善信托的主力军是基金会、慈善组织，不是信托公司。这一观点，笔者在 2004 年、2014—2016 年《慈善法》立法期间，都曾向全国人大和有关方面报告过；主要理由是基于慈善信托的制度特征，慈善委托人类型、数量、分布、多数诉求；受托人的类型、数量、分布、服务慈善能力等情况，慈善组织是最适合担任这一角色的受托人。一个简单的道理是，今天的信托公司只有68家，而慈善组织已经达到10107家[①]，以后还会更多！在慈善信托服务领域，信托公司怎么可能比得过慈善组织?！另外，中小型慈善信托金额小、管理简单、贴近受益人群体，完全没有必要一定由高成本运行的信托公司服务，因而以基金会为主体的慈善组织是最适宜的受托人！

另外，利用小额资金设立慈善信托是国际成熟惯例，其背后的原理是优胜劣汰。当小额慈善信托设立后，如果它做得好、公信力强、公益效率高，会得到社会欢迎支持、向它捐赠，小的慈善信托就可以越做越大，实现良性发展。

（四）慈善信托的制度功能适合我国多样化的慈善需求

2016—2020年末，较快增长的慈善信托以实践证明，现行慈善信托管理制度具有高度包容性，适合概括或具体的各类信托目的、多种类型信托财产、多种慈善服务分工架构、大小不同的受益人范围、长短不一的存续期限，以多样性、分散性的组织形式实现《慈善法》规定慈善任务；更可喜的是，近两年，普通人和普通家庭参与数量、长期和永久存续的信托数量不断增加，说明了全社会参与慈善活动的积极性和社会各界对慈善信托的制度信心与选择意愿。同时，也预示在全社会慈善意识增强、制度比较优势选择、区位服务可获得等因素的影响下，慈善信托仍然可以

① 《慈善中国》，2021年3月22日。

继续保持增长的态势。

人类从事慈善活动的基本动机是关注人类自身的“生存与发展”，因此，对设立慈善信托依法合规、“不问动机”“重在关注信托财产的使用”，早已成为基本的制度传统。

随着社会进步，公众社会责任意识、自主意识增强，建立“自己慈善”的愿望，建立企业社会影响力、家族社会影响力“平台”的意识逐步提升，两类群体在转移财富时都关注慈善公信力和公益效率。第一类群体可转移财富数量大，对开展“自己慈善”可以通过基金会、非公募基金会或慈善信托、家族慈善信托等多种制度实现。第二类群体可转移财富的数量虽不多，也有开展持续、稳定、体现自主意愿慈善活动的愿望。

“自己慈善”愿望形成的背后是社会进步提高了人民群众参与慈善活动的积极性，他们不满足于间断性捐赠、旁观式参与，希望稳定地加入解决社会问题的行列中；不满足于业余、非专业、自发探索式解决社会问题，希望得到专业帮助、提高慈善效率；不满足于从文字、图片、财务指标了解慈善效果，希望亲身体验慈善活动的成就感；等等。慈善信托保障了人民群众对慈善活动的参与感、集体和个人的社会成就感，诸多制度功能帮助人们实现诸多需求。主要有：

第一，便利参与的功能。慈善信托灵活的治理设计可以便利委托人参与、深度加入慈善活动的需求，从制度上落实了公益慈善活动“人人参与、人人尽力”的政治动员、政策号召。

第二，传播慈善文化和价值观的功能。利用慈善信托可以开展企业文化教育和员工培训服务，为普通委托人及其亲属、家族提供亲身参与、自我教育和可持续的慈善教化，促进家族内部交流团结和家族凝聚服务的需求，促进了社会主义精神文明建设。

第三，搭建慈善平台的功能。慈善信托可以成为企业社会责任平台、高净值家族的家族社会影响力平台，帮助委托人不仅关注贡献的钱财和社会宣传效应，更加关注慈善活动社会效果，对提高公益效率、解决社会问题、慈善财产保值增值、信托规范进行监督。

第四，传承家族精神的功能。慈善信托嵌入家庭生活、家族财富传承之中，让家庭慈善、家族慈善、家族社会影响力建设活动发挥更多的灵活性和创造性，通过慈善信托提高后代组织能力、社群关系能力、解决社会问题能力，促进家族家风、家规、家族精神传承，有利于民营经济健康发展。

第五，推动社区慈善发展的功能。借鉴国外成熟经验，社区慈善信托可以为非组织化的基层群众性慈善活动搭建“正式组织化”“半组织化”的平台，凝聚社区力量，促进社会和谐，配合基层政府机构开展社会治理等。

第六，慈善需求灵活响应功能。省和省以下地区的基金会掌握慈善信托服务能力，可以走进广大城乡，发展贴近基层的慈善活动，服务乡村振兴、产业、文化、生态振兴；预防贫困、聚焦特殊群体与群众关切；关心生活困难的老年人，发展残疾人、重病患者、困境儿童等低保、特困人员保障、服务社区养老托幼等基层慈善事业。基层基金会的慈善信托服务有利于动员当地慈善资源，帮助社区、基层的群众实现慈善活动人人参与、人人尽力，使社会大家庭更加温馨和谐，为全面建成小康社会和建设社会主义现代化国家作出贡献。

近些年来，我国互联网慈善、商业慈善、青年慈善等各类慈善活动快速兴起，慈善信托制度与不同类型的慈善活动相结合，可以形成相互促进、共同发展，用人民群众喜闻乐见、简便易行的方式开展“情感型”“理性型”慈善活动。

2017 年 12 月，“兴辰慈善信托”在广州设立，这是中国第一单由夫妇二人作为委托人，用结婚财产设立的家庭慈善信托。信托设立，慈善成了小家庭的长期“话题”，夫妻俩经常商量的是如何做好事、如何把慈善信托办好；慈善信托让夫妻感情融洽、家庭凝聚，实在让人为他们感到高兴。那天晚上，小两口见到我们，满心欢喜地讲述自己的慈善信托故事，一直到很晚、很晚……

2019 年 10 月，“恒通研究院纪念慈善信托”在北京设立，北京恒通研究院 42 名同班同学为铭记恒通校训、纪念同窗友谊，在完成学业、各奔东西之时，共同出资设立了一个用于阿拉善荒漠生态保护的慈善信托，认养了“乌兰布和公益纪念林”林地。这是中国第一单用“纪念”命名的慈善信托，开创中国纪念慈善信托之始。

把结婚时父母、亲友给的礼金做慈善信托；学校毕业了，同学们各用一点钱集合设立慈善信托都属于“纪念慈善信托”。生活中有结婚、生子、成人礼、祝寿、喜庆、毕业、获奖、重要集会、重要事件都可以用设立慈善信托留下一个永久的纪念。

当人们看到纪念医院、纪念图书馆、纪念博物馆、纪念基金等名称中带有“纪念”字样的公共设施时，就会想到纪念慈善信托和它背后的故事。用慈善做纪念，对当事人来说，喜庆吉祥、有意义，纪念效用长久；对社会来说，它弘扬了积极向上的风气，体现了社会文明进步，值得大力表扬、积极鼓励。

不熟悉的人，只是把慈善信托看作保值增值能力强一些的慈善资产管理方式，然而若从制度逻辑、功能与效益、历史与现实、我国社会的需求与可能看，慈善信托还是社会资源动员、慈善文化传播、社会问题解决的方式，所蕴含的人民性、文化性、普惠性、可靠性、有效性等特性，使它的影响力可以波及政治、经济、文化、社会等多个领域，了解这一特性，可以更加坚定推动慈善信托发展的信心。

据笔者了解，粗略计算，2020 年英国 6650 万人口，登记和免予登记的慈善信托约 12 万个，平均约 554 人 1 个；澳大利亚 2540 万人口，据澳有关部门信息，2019 年全澳慈善信托 16 万个，约 158 人 1 个。我国有 14 亿人口，按总人口与慈善信托的同样比例，中国慈善信托总量可以达到约 252 万个或 880 万个。目前，我国的慈善信托数量不多，现行制度环境下也不会很快增加，但随着逐渐积累，将来一定会发展到几千、几万单或更多，到了那个时候，慈善信托制度会向我国慈善事业引入更多的资源与动力，促进社会进步的力量就更大了。

我国未来慈善信托的发展预测，既源于与国外实践的比较，更是基于国家对“国民收入第三次分配”的倡导和对慈善事业的重视与推动；广大人民群众参与社会问题解决、推动社会进步的良好愿望和社会财富不断增加的前景。可以说，使用慈善信托制度、服务慈善事业发展，基金会大有可为；掌握慈善信托工具、当好“长期可信赖受托人”，基金会大有作为。

四、熟悉规律，掌握方法，学会做好慈善信托

（一）提高服务能力，加强自身建设，承担服务职责

社会领域每一项新事业兴起都会有一个发展过程。20 世纪 80 年代基金会、90 年代民间慈善、21 世纪第一个十年营业信托和公益信托、2016 年慈善信托，莫不如此。2016 年、2017 年慈善信托刚起步，很多人怀疑慈善信托发展的可能性：委托人在哪儿？社会有设立慈善信托的需求吗？慈善信托如何建立？信托公司也担心，自己是商业性服务机构，没有委托人，慈善信托怎么设立？亏损的慈善服务怎么能够做下去？等等。

实践是最好的老师。5 年过去，慈善信托已经成为部分信托公司的成熟服务；慈善信托带动了营业信托服务的发展，成为家族信托的“标配模块”，更重要的是，慈善信托能够成为信托公司打造可持续履行社会责任的支柱性平台。基金会发展慈善信托服务也会有一个过程，初期慢一些，以后逐步增加，成为促进基

金会发展、向社会提供慈善服务的有效方法。

发展慈善信托对基金会有良好的促进作用，主要体现在以下几个方面。

——慈善信托服务比较简便，适合多数基金会服务水平，为越来越多的慈善活动参与主体提供慈善服务；地市、县级的慈善信托可以带动当地慈善文化与慈善创新，把“第三次国民分配”理念与实践带到基层，服务当地社会进步。

——利用新制度创新慈善服务，学习更多的国际、国内先进经验，更好地动员社会资源、解决社会问题、实现基金会自身宗旨。

——慈善信托保本用息、永续运行的特点可以稳定慈善服务，改善捐赠模式下“快进快出”消耗型的操作模式，提高公益效率和公益项目集约化水平。同时，随着管理慈善信托项目的增多，基金会可以形成稳定的服务收费，改善基金会运行条件。

——以委托人和信托目的为基础，基金会慈善信托可以与各地政府部门合作，为社区发展、社会治理、社会问题解决更多地发挥作用。

2018 年 9 月，北京某基金会的领导人自己捐赠财产设立了一个慈善信托，由本基金会担任受托人，以亲身了解、就近观察感受慈善信托。一年后，基金会员工高兴地告诉我：“我们觉得慈善信托挺好的，因为资金往来清晰，财产管理安全，内部管理和外面检查来了，我们都能把账目说得清清楚楚！”外部专家对这个信托的评估证明，受托人和慈善信托确实都取得了良好的成绩。这个案例说明，基金会立足现有环境、管理经验、人才队伍完全能够担当好慈善信托受托人。

2016 年以来，全国有 50 多个基金会参与了慈善信托服务，有的单独任受托人，有的与信托公司做共同受托人，有的从事慈善信托公益项目执行人。实践证明，慈善信托可繁可简，实际运行并不复杂、神秘，基金会完全可以胜任慈善信托服务，服务质量也会由生疏而熟悉，进而做到优秀。

（二）高度重视价值观的确立、传播与落实

古今中外的慈善活动都具社会影响力。基本的原理是，一个人向社会、向他人转移财富，都希望使用自己财富的人能够“做好人、做好事”；人们也知道，转移的财富再多也有用尽之时，通过文化和价值观影响他人，社会影响力会越来越大。

与基金会依固有宗旨、统一价值观、统一运用捐赠财产不同，慈善信托委托人可以借助财富转移个性化地传播慈善文化、弘扬优秀道德情操，根据不同地域、不同社会领域、不同社会问题，因地制宜、有的放矢地选择与传播慈善文化和正能量价值观。

实践中，境外慈善信托有很多优秀案例。国际小母牛运动、国民信托、文化博物馆类信托基金等是其中的代表。国际小母牛运动依靠文化的力量，成功实现可持续发展，从单一的乳牛扶贫增加到 12 种家养禽畜扶贫，从 1 个国家传播到 125 个国家，从少数家庭拓展到 2260 万人，慈善传递、“礼品传递”的经验值得

借鉴。

成功的慈善信托实践

·国际小母牛运动：慈善资源——扶贫——小母牛捐赠："礼品传递"，扩大扶贫——12种家畜，125个国家、2260万人，全球典范

·宜家家居：慈善资源——环保节俭生活——特色家居——家居产品产业链——生活改善、环境保护

·国民信托：慈善资源——历史文化遗产、自然地理遗产保护——发展旅游业——促进文化环保——爱国、爱乡、热爱生态、热爱文化

·文化博物馆：慈善资源——文物收藏、展览修复研究——博物馆、美术馆——文化保护、自然保护

近期受到国家表彰的云南丽江华坪女子高中张桂梅校长也是优秀典范。她免费收教山区贫困女童，严格孩子们品格养成、能力养成；她规定的女中校训是："刚强、勤敏、宽厚、慈惠、知礼、质朴"；学校已毕业的1000多名学生取得很好的成绩。

按照张老师的价值观教育孩子，虽不能说所有孩子都成为优秀人才，但笔者相信，这些孩子一定会懂得感恩，懂得只有靠自己的努力才能改变命运，能够经受得起人生道路上挫折的考验！

转移慈善资源，解决社会问题，弘扬优秀文化，三项并举是良好慈善信托的基本要素。希望基金会同人们了解这一传统，在转移社会财富的同时，高度重视社会主义核心价值观的传播，重视慈善文化和良好价值观的确立、传播与落实，旗帜鲜明地向受益人、向社会传递本慈善信托的正能量价值观；对社会表明本信托所弘扬、歌颂、支援、赞许、鼓励、期待的价值观是什么；多多用心设计慈善活动，通过文化的力量推动慈善活动发展；高度尊重受益人的尊严，防止施舍、恩赐、怜悯、优越感，鼓励受助

者自助自立自强；理解“功利”、帮助“救赎”、尊重福报、扶助博爱、倡导社会责任、支持共同富裕；特别是对助学、助教、预防贫困类慈善信托，从一开始就明确，选择适当形式向受益人传播“爱国、责任；自立、自强；博爱、助人”的价值观，扩大慈善社会效果。

孔子说，“志于仁，无恶”。在慈善信托服务中多做慈善文化宣传，宣传靠真实，真实要讲故事，故事重感人，感人要动心，动人先动己，讲好一个故事，慈善信托的宣传推广就在其中了！

借助慈善信托自主意愿，选准价值观表达既重要又可能。当更多慈善信托设立后，它们会为践行社会主义核心价值观、传承中华优秀传统文化，弘扬爱国主义、集体主义，崇尚英雄、尊重模范，增强民族自信心、自豪感；提高人民道德水准、文明素养；促进积极健康向上的风气贡献能量；让更多的人“志于仁，无恶”，更多的人参与慈善，慈善文化就更多地被宣传，社会进步就更快了。

（三）承担公信力义务是做好慈善信托的基础

国家高度重视慈善事业公信力建设，《慈善法》第八章专章规范了信息公开活动。第七十一条规定“慈善组织、慈善信托的受托人应当依法履行信息公开义务。信息公开应当真实、完整、及时”。慈善捐赠信息公开和慈善信托公信力制度有相同有不同；不同之处主要是披露理念、内容、程度、依据等有差异。我曾听到一种说法，“我募来的钱就是我的”“我不能告诉你你的钱是怎么用的”；过去，曾经发生过捐赠人想知道捐赠资金使用情况而无法满足的事情。这类现象在捐赠背景下发生有一定的客观原因；在慈善信托环境下，这类现象不能允许！基金会要遵循公信力制度特点，防止不当事项发生。

早期慈善信托多用于管理遗产，人们把身后财产百年的管理都托付受托人用于慈善，体现了对受托人的充分信任；为保障慈善财产的使用效率，对受托人也进行充分授权。为保障监管人、委托人、社会公众的知情权、监督权，受托人受到“概括约束”——承担公信力义务，接受各方监督。

公信力的概念源于英文词 Credibility，意指为某一件事进行报告、解释和辩护的责任；为自己的行为负责任并接受质询[①]。慈善信托受托人要根据法律和信托文件的要求，规范披露、主动告知、回复询问，“令人信服”地对外说明信托管理、运行的真实情况。

委托人意愿自由、受托人充分授权、慈善事务安排灵活多样，这样的后果是：慈善领域宽、类型多、个性强、差别大、运行各异，受托人与监管人、委托人、社会公众之间的信息高度不对称。为弥补缺陷，受托人承担了强制性、倾斜而不对称的信息披露义务和社会公信力要求；信托财产的独立性为财务真实性、公共利益不受损害奠定了可清晰计量、准确报告的制度基础，提高了人们对受托人的信赖与支持，使慈善信托制度形成生命力。

从当前披露的材料看，537 单慈善信托依法公开信息，接受

① 《公信力》，360 百科。

监督，总体情况比较好。近两年，根据笔者对部分慈善信托的评估看，慈善信托的信息披露、公信力建设不断进步。目前，需要完善的内容，一是信托财产管理的符合性，即信托财产管理、运用活动与信托目的规定的符合性。二是效率性，信托财产管理是否有导致信托财产浪费。三是真实性，信息披露的事实真实、证据真实、披露真实。四是证据性，披露信息的证据力。五是可理解性，披露信息是否让非专业的委托人、一般公众理解它们的真实含义。六是主动性，对涉及公信力的事项要主动报告、公告、提供查阅、接受检查。七是责任性，信息公开要完整，不能选择性公开，等等。

各国和地区普通信托、慈善信托的运行中，忠实、谨慎义务的履行是公信力关注的重点，“禁止利益冲突、禁止利益取得”，委托人、受托人、利益相关人的“私人联结点”始终是信托披露的重点，也是慈善信托监管的重中之重！

忠实义务是指“忠于信托职务的人、受托人，即处于受托地位的人或者取得他人授权与信任的人，根据法律规定，该人有义务专门为他人利益行事，必须保护他人权利。该人未经充分披露不得利用这种关系牟取私利或者好处”①。慈善信托受托人须符合本慈善信托的最大利益，不得将其作为受托人的义务与其任何个人利益相冲突。

利益冲突是指受托人的个人利益或忠实可能妨碍其作出只符

① 《牛津法律大辞典》，424 页。

合慈善组织最大利益的决策[1]。慈善信托最关注的利益冲突是：自我利益、竞争利益、职务利益、不当输送利益、处于信托利益的反对地位，等等。基金会要能够识别、监测、管理好。“法律要求处于信义位置的人应当专门促进受益人的利益，并且不得让任何自我利益或竞争性利益接近或影响其行为”[2]。须知：慈善信托第一风险不是财产亏损风险，而是声誉风险！

声誉风险是指慈善信托当事人因服务、管理及其行为或者外部事件导致社会公众、利益相关方对慈善信托负面评价的风险。慈善信托，特别是永久存续的信托可以因声誉而形成社会荣誉与经济价值；如果风险暴露，会损害自身荣誉且损害后果难以在短时间恢复。历史上，慈善信托曾长期发生“侵占、挪用、浪费”三大问题，引起社会哗然、群情激愤，大大损害了慈善信托的信誉。这个教训必须吸取。

笔者认为，“长期信赖、科学监管、有效激励”，是我国公益慈善信托事业面临的三大挑战。其中，建立一支“长期可信赖的受托人队伍”是基础性挑战，关乎我国慈善信托事业成败。基金会担任受托人，学习成熟经验，遵循制度传统，履行公信力职责，认真披露信托的运行，接受外部监督、检查，遇有疑问则要有令人信服的解释，不断改进内部管理，培养公信力声誉，培育基金会品牌，就可以把慈善信托服务做好。

① 《英国慈善委员会指引》，574 页。

② 同上。

五、基金会发展慈善信托服务的几点建议

（一）高度重视发展慈善信托服务，促进慈善事业发展

公益慈善信托制度引入我国不是一个偶然事件，是党和国家 20 多年持续推动的结果。最早的公开信息是 1996 年全国人大常委会审议《中华人民共和国信托法》(以下简称《信托法》）时同意在我国建立公益信托制度。2000 年国务院审议《信托投资公司管理办法》时批准了公益信托制度，批准信托公司担任公益信托受托人。2001 年全国人大颁布《信托法》，公益信托正式入法。2016 年全国人大全体会议审议通过《慈善法》，慈善信托正式入法。2017 年党中央指挥部署、督促催办制定了《慈善信托的管理办法》，形成慈善信托制度进入慈善事业的今天。

由于工作职责，笔者曾经亲身经历了这一历史过程的大部分重要事件。回顾这一段历史可以看出，引入公益慈善信托、创新基本制度、促进慈善事业发展，是我国最高权力机关作出的决定，是他们“三番五次”长期推动的结果。笔者认为，创新制度的目的是吸取国际公益慈善事业的有益经验，推动我国慈善制度进步、提高服务质量，促进公益慈善事业发展，服务中国社会进步。

了解这一历史过程，理解慈善信托制度建立的重要意义，对

基金会发展慈善信托服务很重要。我国法律赋予了基金会做慈善信托受托人的权力与资格，社会需要基金会提供服务，基金会需要动员社会资源实现自身宗旨，慈善信托大发展的希望在慈善组织，期待基金会把握住时代脉络，践行理念，脚踏实地，做好慈善信托。

（二）各方努力，采取具体有效行动，推动慈善信托新发展

基金会发展慈善信托服务，首先要加强学习，提高自身能力；各有关方面也应该积极行动，从完善“第三次国民分配”制度体系和发展慈善事业大局出发，主动研究、主动作为，完善各项配套措施，实现慈善信托事业的依法合规健康发展。具体建议是：

第一，开展学习培训。慈善信托已运行5年，根据实际需要，对省和省以下地区的慈善组织开展培训，尽快改变基层慈善组织“不熟悉”“不懂”“不会做”的局面，帮助他们掌握慈善信托服务方法的当务之急。对培训工作，全国性和省（自治区、直辖市）的慈善行业组织应该主动行动，发挥行业组织的引导作用，做好有关工作。在培训开始，要根据基层慈善组织、基层民政部门工作人员、广大社会公众的需要，编写统一简明、易懂的服务指引、工作手册、宣传资料，联手信托公司到各地开展培训；利用公共媒体进行普及性宣传；利用服务热线，及时解答各方面的咨询，尽快扩大国家基础慈善制度的普及宣传。

第二，完善规则、加强监管，筑牢基础，服务社会。经过5年发展，慈善信托已经形成初步的服务存量和约170亿元信托财

产余额，数量虽不多，各地也不平衡，但已有可供参照的研究监管的业务样本。应利用当前慈善信托发展不快的窗口期，加紧制定监管规则，筑牢监管基础，迎接今后的业务发展。

基金会开展慈善信托服务，按行业分类，基金会是慈善组织；如果从服务内容分类，基金会就是一个“小型的专业信托公司”。与规范意义的信托公司相比，基金会受托人能力基础、机构受托人制度基础都要加强。要建立的制度有：慈善信托社会公共利益管理指引；慈善信托备案管理方法；慈善信托利益冲突指引；慈善信托公信力操作指引；慈善信托治理机制与会议规则指引；慈善信托重要岗位责任人员管理规则；救灾与公共突发事件慈善活动指引；基金会慈善信托财务审核与审计管理指引；基金会开立慈善信托“信托账户”办法；受托人费用与报酬管理指引；符合大中小、不同类别慈善信托实际需要的信息披露制度；监管评估与社会第三方评估的办法，完善行政监督和社会监督；慈善信托投诉管理；依托科技力量，利用区块链等技术提高监管科技水平，适应未来监管需要。上述制度，既有适用于基金会的，又有适用于两类受托人的，均属于强制性规范制度，需要仔细研究，抓紧做好。

第三，加大力度，多方入手，完善慈善信托受托人服务制度。基金会和其他各类慈善组织接触信托服务时间短、经验不足，为规范操作、培育积累社会公信力、防范风险，应该下力气抓紧制定基金会担当慈善信托受托人的管理制度。

按照兼顾前瞻性与起步期的需求这一指导思想，需要完善的制度包括：基金会合格受托人的履职指引；基金会慈善信托业务财务、会计制度；基金会受托人投资等合法交易与尽职指引；基金会慈善信托风险管理手册；慈善信托项目选择指引；与慈善服务机构合作指引；信托财产外包管理指引；“慈善共同基金”制度；慈善信托终止与清算指引；等等。

第四，积极争取配套政策支持。2001 年《信托法》第六十一条规定：“国家鼓励发展公益信托。”20 年了，这一法律规定始终没有落实。当前，慈善信托税收鼓励、慈善信托财产登记制度已经成为慈善信托发展的瓶颈。建议有关部门借鉴国际成熟经验，完善我国法律法规制度，早日建立相关制度。同时，建议有关部门尽快建立社会财富以捐赠方式交付信托的管理制度，促进慈善信托进入良性发展轨道。

第五，以问题为导向，不断创新慈善信托的运行制度。“集中力量办大事”“一方有难、八方支援”是我国优良传统。新冠疫情暴发显示了灵活多样、规模较小的慈善信托应对公共突发事件存在“先天不足”，可以考虑从慈善信托合约入手加以解决。在此，笔者向慈善信托的潜在委托人们倡议，在慈善信托文件中设立“意外条款”“合并条款”，以应今后特殊公共利益急需。

意外条款是指委托人自愿在慈善信托文件中载明，当外部发生重大、紧急、意外事件等自然灾害、公共突发事件时，授权受托人依“最有利原则”行事，即按照最有利于社会公共利益需求、最有利于受益领域与受益人、最有利于本信托可持续运行的原则，运用本信托的一定数额财产向社会公共利益提供支援。

合并条款是指委托人自愿在慈善信托文件中载明，当外部发生重大、紧急、意外事件等自然灾害、公共突发事件，本信托的信托财产金额不适于单独运用支援社会公共利益时，授权受托人将本信托财产与其他财产合并使用于社会公共利益。

意外条款、合并条款只是两个探索性设想，今后还会出现其他需求，只要坚持创新探索，通过设计制度性解决方案加以解决，慈善信托一定会服务好各类社会慈善需要。

第六，尊重实践，科学立法，高效率完成慈善信托制度建设任务。慈善信托在英国，制度进步经历了长期磨炼；营业信托进入我国，制度完善同样经历了坎坷，至今仍在持续探索。我国慈善信托制度进步也不可能一蹴而就，只有坚持推进制度建设，才能实现依法合规健康发展。制度建设的理念是，尊重实践、借鉴成功经验；“有限理性、科学管理”；方法是分类管理、自下而上；实践检验、探索进步；自我生长、不断完善。要更多地发挥慈善行业组织的作用，组织熟悉实务人员和各方面专家，根据制度的强制性、参考性、宣传服务性等不同类别，依据实践形成制度，再回到实践中，接受实践的检验，不断修改完善。

（三）慈善信托发展的目标与愿景

发展慈善信托不是目的、是手段，抓手是解决社会问题，基本方法是有效动员社会资源，根本目的是推动社会进步。基金会慈善信托服务起步期要实事求是、量力而行，从小型慈善信托起步，由小到大、从易而难，边做边学，实践出经验，不断提高服务能力。只要方向正确，坚持努力，“日行一步、必将千里”。

展望慈善信托事业的未来，笔者认为可以有三大目标与愿景。

第一，慈善信托事业在我国慈善事业发展大局中发挥重要作用。

近5年，全国每年平均慈善捐赠总量约1300亿元，慈善信托5年初始财产共计33.2亿元，5年末信托财产余额170亿元，对社会资源动员、对慈善事业的贡献还不大，主要作用在于探索制度、建立示范性效应。未来5年，如果税收、财产登记等配套制度建设完成，瓶颈障碍破除，就能够更快发展。按照国家规划，2035年我国要成为中等发达国家，届时我国的慈善信托能不能达到中等发达国家的水平，值得期许。希望在2021—2025年，基本配套制度得到完善，更多基金会向社会提供慈善信托服务；2026—2035年，实现较快发展，成为慈善事业发展的重要力量。

第二，走出一条中国自己的慈善信托创新发展之路。

我国慈善信托起步晚，与国际领先国家有很大差距。2016年，国内召开过多个慈善发展国际研讨会，一些外部人士向笔者表示，对中国慈善信托制度“看不懂”“不理解”等。过去5年慈善信托的实践告诉人们，中国完全可以走出一条属于自己的慈善信托发展之路。笔者对此充满信心。基本理由是，5年中，慈善信托从无到有、从小到大、从简单到复杂，取得的成绩可圈可点，已经涌现出可以媲美国际公益慈善经验最前沿的案例！希望基金会和信托公司共同努力，学会、用好慈善信托工具，探索创新，积累经验，中国慈善信托发展的道路将逐渐清晰地展现，在未来中国社会进步中发挥积极作用。

第三，让大大小小的慈善信托多如繁星般地撒播到我国广大城乡，把千百万人的家国情怀、美好心愿铭记在人间。

慈善信托在起源地英国，起自乡野、济贫扶弱，多有印迹，令人感怀。中国的慈善信托同样可以为我国广大城乡老百姓提供更多的慈善服务，让更多的人知道，公益慈善就在自己的身边，而身边的慈善有良好的示范效应。须知，榜样的力量是无穷的。当真有一天，千百万慈善信托遍布我国广大城乡的时候，中国的社会风气肯定已经改变！中国传统文化崇尚乐善好施、扶危济困，慈心为人、善举济世；对特殊人物、特殊事迹讲究“树碑立传、青史留名；流芳百世、教化子孙”，通过慈善信托把无数慈行善举留在世间，对社会进步是推动，对本人是表彰，对后代是引领示范，对慈善文化、美好道德情操是潜移默化的感染、弘扬；若世世代代坚持下去，我们的国家会变得更加美好。

2014 年 5 月，习近平总书记对外国专家谈到，不拒众流，方为江海。任何一个民族、任何一个国家都需要学习别的民族、别的国家的优秀文明成果。中国要永远做一个学习大国，不论发展到什么水平都虚心向世界各国人民学习，以更加开放包容的姿态，加强同世界各国的互容、互鉴、互通，不断把对外开放提高到新的水平①。

① 《习近平同外国专家座谈：中国要永远做一个学习大国》，2014 年 5 月 23 日，新华网。

期待通过全国各地基金会同人的努力，可以出现更多成功的慈善信托。什么是成功的慈善信托？笔者以为，那就是“典范、优秀、长久传承于世的慈善信托”。希望当这样的信托出现时，我们可以高兴地说：“我曾经参与其中！”

（本文是笔者在2020年11月“中国基金会发展论坛”期间，在广州市社会服务发展促进会、汉正家族办公室（广州）有限公司等承办的“2020平行论坛——基金会在慈善信托中的角色定位”发表的演讲。录入本书时，笔者对讲稿有改动。）

中国慈善信托的正确打开方法

蔡概还

慈善信托与慈善捐赠是人们参与公益活动、满足不同公益需求的两种途径。两者各有擅长，并无高下优劣之分。今后，小额财产做慈善可能会更多选择捐赠方式，大额财产做慈善可能会优先选择信托方式，特别是家族信托与慈善信托相结合或将成为今后财富传承的主流和趋势。

根据我国《慈善法》的规定，慈善信托属于公益信托，是指委托人基于慈善目的，依法将其财产委托给受托人，由受托人按照委托人意愿以受托人名义进行管理和处分，开展慈善活动的行为。自 2016 年 9 月 1 日我国《慈善法》施行以来，我国慈善信托得到了一定发展。根据中国慈善联合会慈善信托委员会统计，截至 2020 年 10 月 15 日，我国已设立慈善信托共 465 单，总规模 32.42 亿元。其中，2016 年备案 22 单，规模 2.64 亿元；2017 年备案 45 单，规模 5.97 亿元；2018 年备案 87 单，规模 11.47 亿元；2019年备案126单，规模9.16亿元。2020年新增备案185单，规模3.2亿元，慈善信托设立单数创新高，在扶贫、抗疫、应急救助等领域表现突出。

在慈善信托的种类上也不断推陈出新：一是扶贫慈善信托。以脱贫攻坚为主要慈善目的的慈善信托共设立199单，财产规模18.99亿元，占比58.57%，扶贫济困成为慈善信托设立的主要目的之一，助力精准脱贫攻坚战。二是抗疫慈善信托。自2020年2月2日第一单慈善信托“国通信托·中国信托业抗击新型肺炎慈善信托”落地以来，我国先后设立抗疫慈善信托90单，总规模1.38亿元。三是环保慈善信托。如中航信托成立的绿色生态慈善信托、五矿信托成立的三江源系列慈善信托、万向信托成立的中国水源地保护慈善信托等。四是教育慈善信托。如中信信托2019年成立的江平法学教育慈善信托、中诚信托成立的博爱助学慈善信托等。此外，济困类慈善信托，扶老、救孤、恤病、助残、优抚类慈善信托，救助自然灾害、事故灾难和公共卫生事件类慈善信托，促进科学、文化、卫生、体育等事业类慈善信托，也不断涌现。

但在实践中，对慈善信托的宣传普及不够，导致了一些偏见和误解，需要进一步探讨和澄清，以促进慈善信托在我国的规范健康发展。

一、慈善信托与慈善捐赠不是同一概念

有观点认为，慈善信托与慈善捐赠在本质上是一样的，或者说两者的最终公益效果是殊途同归的。

从结果来看，这种观点并没有错。根据《信托法》等法律法规的规定，慈善信托的信托财产及其收益，不得用于非公益目的；当慈善信托终止并有剩余财产时，受托人应当将慈善信托财产用于与原慈善目的相近似的目的，或者将信托财产转移给具有近似目的的慈善组织或者其他慈善信托。也就是说，委托人设立慈善信托，相当于把自己合法所有的财产“捐”出去了。

但慈善信托与慈善捐赠是两个不同的法律概念。我国《慈善法》分别在第四章、第五章作出规定，两者在法律关系、当事人权利义务、慈善财产性质、合同条款等方面，都具有完全不同的法律构架和安排。这是一个基本常识。

实践中，经常出现“委托人捐赠钱物设立慈善信托”或“向受益人捐赠慈善信托财产”的表述。这样表述，有利于社会公众理解和接受，毕竟很多人不了解慈善信托。但具体到信托合同等书面文件中，这样的表述并不妥当，长期来看容易造成两者的混淆。

此外，为了达到税收优惠的目的，往往存在先捐赠再设立慈善信托，或者设立慈善信托后再行捐赠的做法，这也是不可取

的。目前，慈善信托税收缺乏相关规定，导致“伪创新”频现，已经成为制约慈善信托健康发展的重要因素之一。

二、慈善信托与慈善捐赠不是竞争关系

我国《慈善法》第四十六条规定，慈善信托的受托人，可以由委托人确定其信赖的慈善组织或者信托公司担任。当前实践中，慈善信托主要由信托公司担任受托人，慈善组织参与的积极性不高。部分原因在于，错误地将慈善信托视为慈善捐赠的竞争对手，认为开展慈善信托就会影响慈善捐赠。

笔者认为，慈善信托与慈善捐赠是互补关系，两者都是社会各界参与慈善事业的载体。随着我国社会财富的不断累积，人们参与社会公益的意愿不断增强。但我国过去参与慈善事业的社会载体主要是慈善捐赠，手段非常单一，且不能达成所有的公益需求，如其中一些特定需求只能通过成立永续型的公益基金来实现。可以说，2016 年施行的《慈善法》提供了一种新的社会载体，即慈善信托这一全新的公益途径，以满足不同的公益载体需求。这意味着人们在参与公益活动时，既可以选择慈善捐赠，也可以选择慈善信托。

慈善信托相较慈善捐赠来说，主要具有以下特性：一是可以为财产所有人量身定制，提供参与慈善事业的个性化服务。二是慈善信托的设立门槛较低，慈善信托的委托人可以是自然人、法

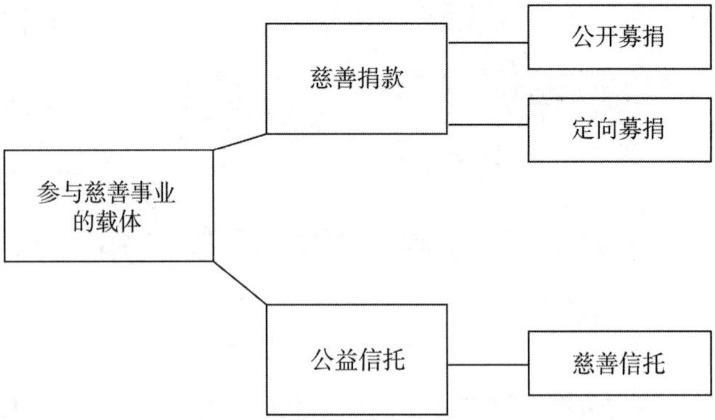

图 37 慈善信托与慈善捐赠的不同设立途径

人和其他组织，财产规模不限。三是慈善信托结构灵活，可以采用单一受托人模式、双受托人模式、公益余额信托、慈善先行信托等模式。在不同的模式中，信托当事人职责平衡等内容又可灵活设置。四是委托人可以保留对慈善信托财产管理和处分的监督权。五是慈善信托财产具有法律上的独立性，每一笔慈善信托财产均要分设账户、分别管理。六是慈善信托没有年度支出的强制性规定，本金可以不动用，只使用收益来开展公益活动。七是可以结合私人的利益，如在家族信托中引入慈善信托等。八是可以设立信托监察人等，采用多种方式监督，信息披露更加充分。

需要明确指出的是，作出以上特点比较并非在评判慈善信托与慈善捐赠的优劣，而是要说明，两者各有擅长，作为人们参与公益活动、满足不同公益需求的两种途径，应当互助合作、共同发展。

三、慈善信托财产与保值增值不必然挂钩

当前有不少观点认为，慈善信托的优势中必然包含有利于财产的保值增值。这是因为过去信托在中国的实践，经常和金融紧密联系在一起，与银行业、保险业、证券业并称为“四大金融支柱”。

事实上，当慈善信托的受托人为信托公司时，由于信托公司具有金融牌照，具有更多资产管理的手段和工具，确实在财产的保值增值方面要比慈善组织更胜一筹。如《慈善信托管理办法》第三十条规定：“慈善信托财产运用应当遵循合法、安全、有效的原则，可以运用于银行存款、政府债券、中央银行票据、金融债券和货币市场基金等低风险资产，但委托人和信托公司另有约定的除外。”这也给信托公司管理运用慈善信托财产留下了广阔的空间。

虽然慈善信托具有保值增值的优势，使得永续慈善信托成为可能，但不能据此认为，设立慈善信托就是为了财产的保值增值，甚至将慈善信托看作保值增值的一种法律工具。

是否对慈善信托财产进行投资管理以及采用何种管理方式等，是由慈善信托当事人自主约定的，不是慈善信托的必选项。如果慈善信托合同中未对财产投资管理作出要求，或者慈善信托存续期间按照信托文件约定未作保值增值安排的，不能就此认为该慈善信托的设立不理想或存在瑕疵。

四、慈善信托专用资金账户不能随意开立

我国《慈善信托管理办法》第十八条规定，慈善信托的受托人向民政部门申请备案时，应提交开立慈善信托专用资金账户证明。对于“慈善信托专用资金账户”具体所指，实践中各方理解并不一致。

笔者认为，“慈善信托专用资金账户”是银行依照相关规定开设的信托专户，而不是银行随意开立的，其目的是要实现慈善信托财产的独立性。信托制度的精髓在于信托财产具有独立性，具有破产隔离的功能。也就是说，委托人设立慈善信托后，该慈善信托财产要与委托人、受托人、受益人名下的各种类型的财产实现法律上的相互区别；不同慈善信托财产之间也要实现法律上的相互区别。为了实现这一目标，因此要求开立“信托财产专户”。对此，信托公司已有专门规定，开户名称通常采用：受托人名称+信托名称。但目前慈善组织开立信托专户缺乏法律法规的明确规定，将导致信托财产独立性无法得到有效实现和保障。

但我国目前尚未建立信托财产登记制度，以股权、房产等设立慈善信托存在法律障碍和瑕疵。针对慈善信托财产这一特殊类的公益资产，建议可以尝试由民政部门集中登记并在备案中公示。

五、慈善信托备案不宜以审批对待

我国《慈善法》第四十五条规定，受托人应当在慈善信托文件签订之日起七日内，将相关文件向受托人所在地县级以上人民政府民政部门备案。该备案是指形式上的备案还是实质上的审查，实践中各地的理解和执行均存在偏差。

其一，认为《慈善法》关于慈善信托事后备案的规定，不是审批的一种制度安排。原因是从立法意图看，《信托法》关于设立公益信托需要事先审批的规定，限制了公益信托在我国的发展。《慈善法》吸取了《信托法》这一经验教训，将审批制改为备案制，希望慈善信托在我国能够得到快速发展。因此在慈善信托发展初期，相关部门有必要在其职责范围内，向慈善信托受托人提供慈善需求信息，为慈善信托活动提供指导和帮助，以促进慈善信托在我国的健康长效发展。

其二，认为慈善信托备案并非完全不审查，否则将会给“假慈善信托”以可乘之机。其中的尺度如何把握，主要看申请备案的慈善信托是否符合我国《信托法》《慈善法》和《慈善信托管理办法》等法律法规的规定，主要审查三方面的内容：一是信托当事人或者范围是否明确，二是慈善信托财产是否明确，三是慈善信托目的及其实现路径是否明确等。对于法律法规没有强制要求的部分，不宜在备案中强加给慈善信托，并因此削弱慈善信托的个性化安排和灵活性。

其三，假设未来慈善信托税收优惠政策出台后，备案后的慈善信托可享受税收优惠，在此情形下，可对慈善信托实施实质性备案审查，条件允许时也可以学习英国由慈善委员会统一注册的做法，提高备案的效率和专业度。

六、慈善信托不是与己无关

我国《慈善法》规定，慈善信托的受托人由信托公司和慈善组织担任。由此导致了社会的普遍误解，认为慈善信托是信托公司和慈善组织的专属业务，特别是在各种研讨、座谈、培训等活动中，出现的多是信托公司和慈善组织的身影。

其实，慈善信托是每一个人的事，每一个法人和自然人都可以作为慈善信托的委托人，参与慈善信托。大到企业设立的慈善信托，通过持久存在、恒久慈善，帮助企业履行社会责任，树立良好品牌和形象。小到个人设立的慈善信托，如江苏一位普通教师吴毅文，以终生积蓄 904.84 万元设立了慈善信托，用于捐助、救助贫困学生及患重大疾病的贫困少年儿童等慈善用途。

为此，中国慈善联合会于 2016 年 11 月成立的慈善信托委员会不遗余力地加大对慈善信托的宣传推广力度。由慈善组织、金融机构和专业工作者倡议发起成立的慈善信托委员会，旨在加强行业规范建设，完善慈善信托行业标准，推动行业自律；促进慈善信托应用与普及，为社会力量参与慈善事业提供更畅通的途径，推动我国慈善事业持续健康有序发展。

今后，小额财产做慈善可能会更多选择捐赠方式，大额财产做慈善可能会优先选择信托方式，特别是家族信托与慈善信托相结合以同时实现私益和公益目的，或将成为今后财富传承的主流和趋势。而只有委托人意识到自己是发起设立慈善信托的主人，慈善信托才能得到更好的发展。

应对大型疫情和灾情
建议设立公共受托人制度

蔡概还

新冠肺炎疫情肆虐以来，各行各业受到不同程度的冲击，与此同时，也在积极行动，助力打赢抗击疫情攻坚战。抗疫过程中，慈善信托有何表现？催生出哪些新模式？未来发展趋势如何？又有哪些困难？中国慈善联合会慈善信托委员会主任委员蔡概还分享了个人观点，并建议国家设立公共受托人制度，专司抗击大型疫情和灾情，并做好相关善后受托工作。

一、疫情下的慈善信托

慈善信托是出于公益目的，为使社会整体或者部分受益而设立的信托。蔡概还认为，在抗击疫情过程中，慈善信托主要发挥三方面作用。

首先，全力以赴，积极助力疫情防控。据中国慈善联合会慈善信托委员会初步统计，截至2020年3月20日，我国共成立了52单抗击疫情方面的慈善信托，总规模1.33亿元，受托人包括22家信托公司和2家基金会。其中，中国信托业协会在2月1日倡议发动61家信托公司联合行动，筹资3090万元成功设立了“中国信托业抗击新型肺炎慈善信托”。

其次，多方宣传，调动更多资源抗击疫情。在抗击疫情的过程中，受托人特别是信托公司除了自身出钱出力外，还充分发挥机构优势，向员工、客户、社会传达慈善信托理念，积极通过慈善信托方式引导更多社会财富和资源助力抗击疫情。一些信托公司的高端客户，成为这次抗击疫情慈善信托的委托人。

最后，双管齐下，与慈善捐赠共抗疫情。之前公益活动的开展主要采用捐赠的方式。2016年修订后的《慈善法》，引入信托制度做慈善，即慈善信托，为社会各界参与慈善事业提供了一种新的载体和方式。这就意味着，人们在开展社会公益活动时，既可以选择慈善捐赠，也可以选择慈善信托。面对疫情，不少人选择了慈善信托作为助力抗击疫情的手段。

二、新特点与新模式

“这次抗击疫情中，慈善信托主要参与模式是由信托公司担任受托人，慈善组织担任委托人或慈善项目运作人。信托公司具有专业的信托管理能力，慈善组织具有丰富的慈善项目实践经验，两者取长补短。”蔡概还介绍。

从实践情况来看，他认为这次抗疫慈善信托主要具有以下三个特点。

一是慈善信托目的非常明确。主要围绕向医院提供抗疫物资支持、关爱医护人员及家属、关爱重点防疫地区的建筑劳务工人等方面进行。

二是定向满足委托人的慈善需求。在为委托人服务中提供定制化的慈善咨询，在慈善财产捐赠、慈善项目资助等方面引入慈善顾问、决策委员会机制，量身定制实现委托人的慈善需求。同时，慈善信托财产更加多样化，委托人除了现金形式，还可以提供防护物资、医疗设备等，更加灵活地服务于慈善信托目的。

三是点对点为受益人服务。抗疫类慈善信托针对每个爱心捐赠项目，坚持严格筛选、加快实施、精准投放，力争将每一分善款用到最需要的地方，通过信托专户将慈善信托财产精准交付到受益人手中，在救灾效率上形成了有益补充。

与此同时，这次抗疫慈善信托也出现了模式创新和有益尝试，一些慈善信托结合商事信托，将客户利益与慈善活动连接起来。

蔡概还以“光信善—大爱无疆慈善信托”为例，该慈善信托的资金来源是“光信·光筑·浦汇恒鼎尊行—加油武汉集合资金信托计划”，主要投资于流动性较好的标准化金融资产，投资增值超过业绩基准的部分收益用于设立“光信善—大爱无疆慈善信托”，再由慈善信托将善款专项用于采购防疫物资，支持武汉定点医院抗击疫情。蔡概还以为，这样的信托架构将满足客户投资理财需求与支援武汉抗疫工作紧密结合，让客户获得稳健投资收益的同时为抗击疫情奉献爱心、贡献力量。

此外，慈善信托需要先备案方能设立，为了应对突如其来的疫情、灾情，蔡概还建议今后可以多设立一些开放式或可追加财产的慈善信托，以备不时之需。

三、有何影响，有何困难

蔡概还以为，这次疫情普及宣传了慈善信托理念，促进了慈善信托实践，尤其是在医疗救助领域，慈善信托这一新型慈善工具渐为人所知。

“这次抗疫慈善信托主要由信托公司发起推动，信托公司是金融机构，其主业是开展营业信托活动，通过这次慈善信托抗疫实践，使信托公司及其从业人员加深了对公益行业的认识，积累了公益经验。”蔡概还补充道。

当前我国慈善捐赠享有专门的税收优惠政策，但慈善信托在这方面的规定还留有空白。蔡概还指出，慈善信托最主要的难题就是税收问题。

从境外看，慈善信托的税收优惠政策，一方面是委托人设立慈善信托时的税收减免；另一方面，是对慈善信托财产合理征税。蔡概还认为，慈善信托的本金及其收益，不得用于非公益目的，其公益效果与慈善捐赠一样，他建议尽快出台慈善信托的税收政策，促进慈善信托的健康发展。

据了解，这次抗击疫情中，由于信托公司无法开具捐赠发票，影响了一些委托人设立大额慈善信托的意愿。目前，90%的抗击疫情类慈善信托的规模在千万级以内，规模偏小，一般无法满足委托人开具税前抵扣发票的要求。有个别慈善信托为了拿到捐赠发票，出现了先捐赠再设立慈善信托，或者先设立慈善信托再捐赠等画蛇添足式做法。

此外，蔡概还还指出，当前仍然存在慈善信托发展地域不平衡问题，一些地方的慈善信托个数极少，个别地方实践甚至还是空白。“中国慈善联合会慈善信托委员会将认真总结这次抗击疫情慈善信托的经验和做法，进一步加强慈善信托的宣传、研讨和培训，促进我国慈善信托的长效发展，不断满足人们对美好生活的向往。”蔡概还说。

四、未来趋势如何

目前，慈善信托成为信托公司的三大主业之一。信托公司通过结合家族信托和慈善信托，既能帮助家族传承家族财富、传承慈善和公益文化理念，又能更好地履行社会责任。对此，不少信托公司已经开始布局，不断完善慈善信托产业的基础设施，例如在实践中应用区块链技术，实时跟踪慈善信托运作动态，让委托人能够对慈善信托事件进行追溯，让每一笔资金有迹可循，更有利于构建公众信心。

虽然慈善信托是开展慈善信托活动的新途径，但是慈善信托的社会认知度还不高，这次抗击疫情慈善信托的财产规模也不是很大。蔡概还判断，慈善信托的前景可期，特别是人们在未来家族财富管理中，慈善信托可能会更受青睐，成为家族财富传承的标配。

通过这次疫情，蔡概还关注到，面对全国性的大型疫情或灾情，单个组织或信托基金的全局性、前瞻性、权威性、系统性、周密性等能力不够，难以用最直接、最简单、最高效的方法来抗击疫情。据此，他建议国家设立公共受托人制度，专门抗击大型疫情和灾情，并做好相关善后受托工作。

“公共受托人制度兴起于新西兰，在英国得到发展。新西兰1872年制定了《公共信托办公室法》，当妇女儿童寻找受托人困难、受托人离职或死亡、遗嘱执行人难以指定受托人，以及委托人无法找到合适受托人等情形，可以请求政府帮助指定公共受托人。英国1906年颁布了《公共受托人法》，1908年成立了公共受托人办公室，实行以法人身份依靠国家经费来受理特殊的信托业务，本质上属于政府机关。”蔡概还介绍。

他认为，在疫情面前，公共受托人能够代表国家发挥统筹调配作用，统一受托管理捐助财产，并上传下达，制订统一方案，具体由慈善组织实施救助。在疫情、灾情结束后，可以代表国家继续受托管理尚未使用完毕的捐赠财产，或者将剩余捐赠财物移交慈善组织或者慈善信托并监督其依法使用；同时，还可以受托管理因疫情、灾情失去亲人的未成年儿童、老年人、残疾人等特殊人群的财产，作为兜底性的财产管理机构。

第三部分
案例分享

国内首只百亿规模慈善信托

——鲁冠球三农扶志基金慈善信托案例分享

2018年6月27日，鲁伟鼎先生签署信托文件，以其持有的万向三农集团有限公司股权设立“鲁冠球三农扶志基金慈善信托”。“鲁冠球三农扶志基金慈善信托”是我国目前资产规模最大的永久存续的股权慈善信托，在我国慈善信托发展历史上具有标志性意义。这一慈善信托所传承的财富观、事业观和企业家情怀弥足珍贵。鲁伟鼎及其家族成员，通过设立鲁冠球三农扶志基金，让渡了万向三农集团有限公司的全部经济利益。鲁伟鼎用慈善信托的方式探索公益创新之路，实现中国境内最大的股权捐赠，为社会贡献了逾140亿元的慈善资产，体现出中国民营企业家的社会担当和慈善精神，为当代企业家精神写下生动注脚，是当之无愧的时代楷模。

一、慈善信托治理结构

鲁冠球三农扶志基金根据《鲁冠球三农扶志基金宪章》《鲁冠球三农扶志基金章程》《鲁冠球三农扶志基金慈善信托合同》的约定运行，实行董事会决策、受托人管理、监察人监督的制度，鲁伟鼎保留了对鲁冠球三农扶志基金的实际控制权，董事会保持了对万向三农的实际决策权，形成了长期稳定的运行机制和完备的内部治理机制。

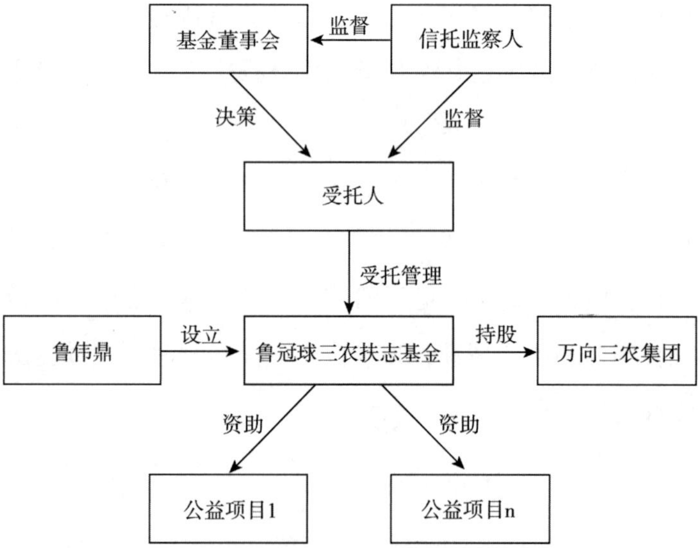

图 38　鲁冠球三农扶志基金架构图

（一）董事会是鲁冠球三农扶志基金的决策机构

在慈善信托日常管理方面，董事会有权提议修改现有章程；决定慈善信托投资与运营管理的重大政策；审议、批准年度收支预算及决算；定期评估基金的运营状况；对议事规则进行修订；决定基金重要人事任命决定其他重大事项。

在万向三农的投资、运营、管理等方面，董事会决定万向三农的董事人选提名或委派；决定鲁冠球三农扶志基金作为万向三农股东参与表决的表决意见。

在慈善资助方面，董事会决定基金慈善活动的方向和具体目标；审议、批准慈善秘书提交的年度工作报告；决定鲁冠球三农扶志基金资助对象和资助计划。

（二）受托人恪尽职守，履行诚信、谨慎管理的义务

万向信托作为受托人，依照设立人的意愿和信托文件的规定行使管理权，承担信托财产的管理、运用和资助等具体事务，以信托为载体明确财务管理制度和信息披露等规范，保证鲁冠球三农扶志基金专业、稳定地运营。

（三）监察人履行监督职责，保障慈善目的的实现

为了监督慈善信托的受托人能够更好地履行管理职责，鲁冠球三农扶志基金设立了信托监察人监督机制，设信托监察人一名。在内控审计管理方面，监察人可选择外部独立审计机构对基

金账目、资产进行审计，稽查内部控制存在的管理风险与漏洞，监督利益冲突政策的设计与遵守情况，审查董事会决议等。董事和信托监察人不可兼任，保障决策权和监督权的严格隔离。

二、慈善信托财产情况

鲁冠球三农扶志基金的初始信托财产是万向三农集团有限公司全部股权。经资产评估，以 2020 年 6 月末为基准日，鲁冠球三农扶志基金慈善信托所持有资产（股权、现金及金融资产）净值达 141. 79 亿元，是目前国内资产规模最大的慈善信托，也是首个资产规模超过百亿的慈善信托。

万向三农集团由鲁冠球先生和鲁伟鼎先生于 2000 年出资 6 亿元创立，是服务于“三农”的农业产业集团。让农村发展、农业现代化、农民富裕是鲁冠球一生的愿望，也是三农集团的安身立命之本。20 世纪 80 年代，鲁冠球为附近十几个村办农业车间，搞养殖、种植；20 世纪 90 年代，万向为农技推广、农技员培训等出钱；到了 21 世纪，万向用工业赚来的钱投资现代农业，在北京、黑龙江搞玉米种业研发，在河北搞野生杏仁加工，在杭州搞山核桃种植生产基地，远洋渔业（大洋世家股份公司）跨越五大洲、四大洋，在世界范围内开展捕捞和加工业务，为“渔民要吃饭，人们要吃鱼”探索路子。万向三农就是围绕这些领域在这十几年间不断做大做强，形成了远洋捕捞、种业、杏仁露、山核桃基地等几大系列农业产品。

万向三农集团持有上市公司承德露露、万向德农和航民股份的股份；控股新疆硝石钾肥有限公司、浙江大洋世家股份有限公司、杭州品向位食品有限公司、洛阳氟钾科技股份公司等；参股浙江网商银行股份有限公司、万向财务有限公司、杭州万事利丝绸文化股份有限公司等多家企业。

鲁冠球三农扶志基金将继续保持万向三农集团经营战略的持续性。慈善信托财产和收益将全部用于开展慈善活动。由万向三农集团继续开展三农相关产业投资，以公益精神和社会参与的方式助力乡村振兴战略。

三、慈善信托资助成果

（一）量力而行做实事

鲁冠球三农扶志基金持续开展为扶助孤儿成长、特困生读书、残疾儿童生活、孤寡老人养老的“四个一万工程”，已经覆盖全国21个省（区、市）的222个县（区），助力72个国家级贫困县脱帽；支持“十万人留学中国计划”；支持浙江农业技术推广，奖励优秀农技工作者；扶助萧山生活困难群众；资助宁围街道中小学助教助学；扶持经济落后村镇发展。鲁冠球三农扶志基金成立两年来，基金已经累计通过万向三农集团对外资助4640.90万元。

（二）以经营的思维做慈善

“产业扶志，以经营的思维做慈善”是鲁冠球三农扶志基金的运作理念。鲁冠球三农扶志基金通过影响力投资，带动就业增加、农民增收、环境改善。

万向三农集团有限公司业务涵盖食品饮料、远洋渔业、种业、林业、矿业，是中国服务业企业500强。万向三农集团整合科研、生产、市场三大资源，实现科研成体系、生产成规模、市场成网络，以建设成为强大的民族企业为奋斗目标，为共同富裕做力所能及的事。为保障原料安全，保护农民利益，万向三农集团始终扶持农产品的种植，保证收购环节的合理利润，实现可持续发展。在多年的努力下，万向三农集团及其下属多家企业助力当地农户就业，直接带动45万余户农民增收。

四、慈善信托意义与启示

（一）以创新的架构为慈善信托提供示范

鲁冠球三农扶志基金慈善信托以公司股权作为信托财产，通过科学的治理架构和决策机制的设计，保障慈善信托长期稳定运行，为未来以公司股权作为慈善财产提供了有益的实践范例，其灵活、持续的运作模式也非常适合家族慈善的长期运行，对我国慈善事业的发展具有重要的意义。

1. 以股权作为慈善信托财产

受政策、法律法规的限制，我国现阶段的慈善信托主要以资金型为主，以股权作为慈善信托财产的发展进程缓慢。鲁伟鼎先生以股权慈善信托的模式设立鲁冠球三农扶志基金，进一步拓展了慈善信托的财产来源。

鲁冠球三农扶志基金直接持有万向三农全部股权，并间接持有上市公司以及网商银行等企业的股份。通过对鲁冠球三农扶志基金运行机制的设计，保证万向三农及其下属公司治理结构清晰，能够持续稳定地经营。

2. 引入家族成员治理，以慈善信托为载体开展家族慈善

鲁冠球三农扶志基金引入家族成员的参与机制，使家族成员深刻且长久地参与这份慈善事业，随着家族代际的传承，确保慈善精神的稳定传承。

（1）慈善指导思想作为最高准则，保障慈善精神稳定传承

鲁冠球三农扶志基金的慈善传承指导思想依托于基金宪章，是基金运营的最高准则。父辈的烙印、家族的文化、传承的理念都在家族宪章中予以体现。无论时代和市场环境如何变化，鲁冠球三农扶志基金的财产运用将始终遵循最初的慈善目的，设立人最初的意愿将长久稳定地传承下去。

（2）灵活的决策机制保障代际传承的稳定

家族成员参与的董事会作为慈善管理的决策者，保证家族精神的代际传承。在坚守慈善传承指导思想原则的基础上，决策和

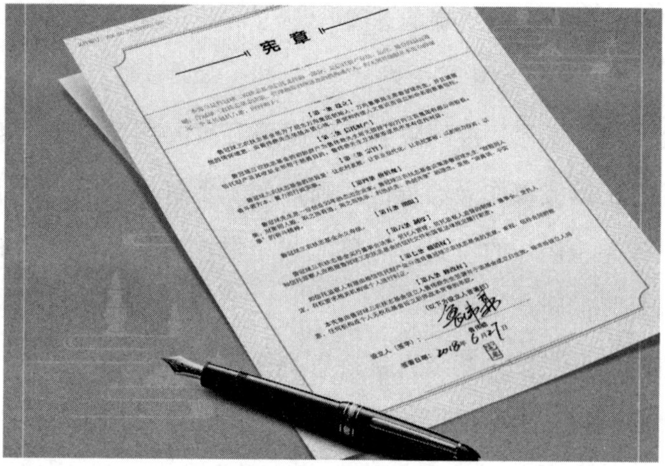

图 39　鲁冠球三农扶志基金宪章

管理机制也需要紧跟时代步伐，面对政治、法律、市场等各种外部环境的变化以及家族内部人员的变动能够灵活地作出相应调整。随着家族代际的传承，鲁冠球三农扶志基金可以与时俱进调整决策和管理机制，提供灵活的解决方案。

3. 专业的执行机构及监察制度确保规范

鲁冠球三农扶志基金设有慈善秘书，由专业团队负责基金的日常运营、慈善事务处理以及相关决策的支持和安排等，确保慈善资助能有效落到实处。此外，鲁冠球三农扶志基金设置了内外部监察机构，监督信托财产及其收益全部用于慈善目的。

（二）以先进的慈善理念为社会创造价值

鲁冠球三农扶志基金以企业经营为持续来源、社会公益为终极目标，实现产业发展和慈善捐助联动，形成“利他共生，共创共享”的全新模式。万向三农集团是产业投资、慈善捐助和基金的贯通枢纽与支撑力量。万向三农集团的持续发展，不断拓展鲁冠球三农扶志基金产业投资和慈善事业的边界。“基金做慈善，经营做支撑”，万向三农集团及各子公司，从产生效益到产业扶志，再进一步到做好公益慈善。经营做得越好，产业扶志带动就越强，慈善资助能力就越强。

五、慈善信托要素

（一）信托名称

中文名称：鲁冠球三农扶志基金慈善信托

英文名称：LU GUANQIU TRUST，英文缩写为 LT

（二）宗旨

让农村发展、让农业现代化、让农民富裕，以影响力投资、以奋斗者为本、量力而行做实事。

（三）慈善信托目的

为实现宗旨，开展扶贫、济困、扶老、救孤、恤病、助残、优抚、救灾等慈善活动，促进教育、科技、文化、卫生、体育、环保等事业发展。

（四）价值观

秉承鲁冠球先生“财散则人聚，财聚则人散，取之而有道，用之而快乐，利他共生，共创共享”的理念，发扬“讲真话、干实事”的奋斗精神。

（五）初始信托财产

万向三农集团有限公司的股权（对应出资额6亿元）。

（六）信托期限

鲁冠球三农扶志基金永久存续。

（七）委托人

鲁伟鼎先生。

（八）受托人

万向信托股份公司。

（九）设立日期

2018年6月27日。

（十）备案信息

2018年6月29日在杭州市民政局备案，备案编号3301000000006。

助力社会更美好

——光大兴陇信托有限公司慈善信托案例

截至2020年12月末，光大兴陇信托有限公司（以下简称“光大信托”）共向民政部门完成备案的慈善信托产品111单，规模合计7.1亿元，慈善信托新增数量、金额均位居全行业首位。近几年累计投放慈善信托资金超过1.5亿元，重点投向精准扶贫和新冠肺炎疫情防控等领域。

光大信托的慈善信托业务一直深受公司高层重视，光大信托党委书记、董事长冯翔表示：“光大信托将继续以‘让生活更美好’的愿景为引领，坚持‘精准、透明、高效’的慈善业务原则，汇聚慈善资金，赋能行业发展，以‘慈善信托+基金会’双轮驱动模式，与客户实现价值共创，为中国公益慈善信托事业发展作出更大贡献!”

在此背景下，2019年初光大信托成立慈善办公室，随后密集出台了一系列推动慈善信托业务发展的内部制度，其受托成立的慈善信托，在实施区域上覆盖全国，形式上覆盖货币、物资、金融产品等类型，合作模式上覆盖事务管理、主动管理、合作协同等方式，慈善领域涵盖抗疫救灾、扶贫济困、助医助学等多个领域，积极创新，开创了多个行业首单和全国首单，充分整合资源，全方位、全流程地为中国慈善事业可持续、高质量发展提供了全面支持。

光大信托的慈善信托产品先后荣获 2018 年度“优秀慈善信托产品”“2019 年度社会责任标杆企业”、第二届“中国金融扶贫先锋榜”优秀扶贫先锋机构奖等奖项。光大信托“定点扶贫系列慈善信托”荣获民政部第十一届中华慈善奖“慈善项目和慈善信托奖”。

未来，光大信托将继续以“让生活更美好”的愿景为引领，坚持“精准、透明、高效”的慈善业务原则，汇聚慈善资金，赋能行业发展，以“慈善信托+基金会”双轮驱动模式，为中国公益慈善信托事业发展作出更多贡献。

一、疫情防控：全力以赴，奋发作为

2020 年新冠肺炎疫情发生后，党中央高度重视，迅速作出部署，全面加强对疫情防控的集中统一领导。在这场严峻斗争中，在中国银保监会、甘肃省银保监局、中国信托业协会和兰州市民政局等各级监管部门的强有力支持下，在光大信托党委的坚强领导下，光大信托全体员工各司其职，积极推动慈善信托业务的开展，以有力的金融支持和服务，为打赢疫情防控阻击战作出积极贡献。

（一）疫情防控慈善信托成果

在2020年抗击疫情的过程中，光大信托共成立49单抗疫系列慈善信托，共筹集100万只医用手套、20万只医用口罩、2万套防护服、10辆负压急救车、10吨消毒剂、大型医疗CT机专用设备、危重呼吸机（ECMO）等各类急缺的医疗物资支援到疫情防控第一线。

光大信托慈善信托创造了四个行业第一：率先设立第一单抗击疫情专项慈善信托；设立国内第一单医疗实物救援慈善信托；设立第一单旨在支持激励前线医护人员的“致敬白衣天使”慈善信托；慈善信托设立数量居行业第一。

（二）疫情防控慈善信托案例

于2020年2月1日设立的“光信善·大爱无疆慈善信托”募集资金1400.1万元，首期向驻守疫区前线的武警官兵提供防护物资。本信托采用集合信托模式，内部协同联动，发挥客户资源优势，资金来源由光大信托发行、光大银行代销的产品所产生的信托报酬、银行代销手续费及投资人部分收益三部分构成，实现抗疫支援方式的创新。积极借助集团优势，嘉事堂以其丰富的医药行业经验，控制和确定医疗物资的标准，在价格合理的前提下开展专业化的采购，保证了采买到的医疗防护物资均能满足一线医护安全使用，避免了善款的浪费和物资不合规导致的医护损害。光大集团长三角协同发展办公室积极协调内部资源，与多部门沟通协调，确保了捐赠物资能够第一时间跨洋越海、通关入境，尽快送到急需的抗“疫”战场。截至2020年末，该慈善信托累计支出1090.3万元，采购物资防护服10240件、飞利浦CT球管1台、ECMO（人工肺膜机）2台、8400份生活紧缺物资，并捐助239位抗疫人员共493万元，支持2所学校复工复产，改善教学环境。

光大信托与光大集团工会、光大银行及爱佑慈善基金会协同合作，设立“致敬白衣天使慈善信托计划”，专项用于关爱和救助参与抗击疫情、感染新冠肺炎及因公殉职的一线医务工作者。该慈善信托筹集员工捐款1100万元，已全部拨付给20家湖北地区抗疫医院，受益医护人员达16743人。

图40 “光信善·致敬白衣天使慈善信托”上线光大信托App及捐赠证书

2020年2月11日，公司通过“光大-振兴慈善信托”向郑州慈善总会捐款200万元。资金用于为郑州市各医疗机构购买疫情防控急需的医用防护服、N95口罩、防护面罩、护目镜等，对确诊患者中的困难人群进行救助，定向支援武汉市有关医疗机构购买所需的医疗设备，并配合郑州市委、市政府开展相应的抗疫公益活动。

“光信善·光大金融租赁抗击新冠疫情慈善信托”专项用于购置10辆负压救护车等医疗器械定向捐赠给湖北医疗机构。该慈善信托于2020年3月18日收到委托人捐赠资金，2020年3月19日购买10辆负压救护车，2020年3月20日车辆运抵湖北，同日定向捐赠给当地医疗机构。

2020年3月，“光信善·厚福医疗慈善信托”分别捐赠60套和40套医疗病床及配套物资给咸宁市第一人民医院及通山县人民医院，用于医院感染病区及新院区的建设，缓解了定点医院集中收治新冠肺炎患者面临病床短缺的压力，为筑牢新冠肺炎患者的生命健康防线作出了贡献。

同年3月，“光信善·达蒙科技实物专项救援慈善信托”购买735套防护服捐赠给南方医科大学南方医院，用于一线抗疫使用。

江西杏林白马药业股份有限公司委托光大信托设立“光信善·杏林白马慈善信托”，将6000盒裸花紫珠胶囊、6000盒猴耳环消炎颗粒捐赠至武汉钢铁集团公司第二职工医院。

“光信善·中融人寿实物救援专项慈善信托”向贵州省慈善

总会捐赠价值18.5万元的医疗防护用品（其中N95级医用防护口罩1万只）。

（三）光大信托慈善信托管理制度

1. 光大信托党委领导抗疫工作

2020年1月25日，正月初一，光大信托成立了以党委书记、董事长为组长的防疫应急领导小组，下设防疫应急领导小组办公室，紧急启动应急预案，指导、协调、支持公司各部门、区域总部（筹备组）开展防疫工作，全面部署抗击疫情的各项防控措施。

2. 成立公司内部慈善信托决策机构

光大信托在公司领导支持下成立慈善信托决策委员会，统筹全公司疫情防控专项慈善信托的设立与管理，从内部优化了慈善信托业务流程，确保防疫捐助及时到位。同时，光大信托制定了《慈善信托善款使用决策制度（试行）》等各项内部管理制度，保证善款使用既依法合规，又透明高效。光大信托慈善信托决策委员会召开了十几次线上会议，审议慈善信托设立及善款使用过程中遇到的各类问题，并果断迅速予以解决，提高了慈善信托业务效率。

3. 抗疫慈善信托免收所有管理费用，加快设立流程

为全力支持疫情防控工作，经领导小组研究决定，疫情期间所有慈善信托项目不收取任何管理费用，支持各类疫情防控慈善信托尽早尽快成立，第一时间支援疫情防控第一线。

图 41　光大信托慈善信托项目图片

二、脱贫攻坚：积极响应，坚决落实

（一）扶贫慈善信托背景

“十三五”时期是打赢脱贫攻坚战的决胜阶段，光大信托始终坚持以满足人民美好生活需要为根本遵循，切实履行社会责任。在支持扶贫攻坚方面，光大信托多方筹措资源，积极开展扶贫工作，灵活运用金融的力量参与精准扶贫，支持中西部地区经济发展，助力农村贫困人口脱贫致富，稳步推进脱贫攻坚事业。

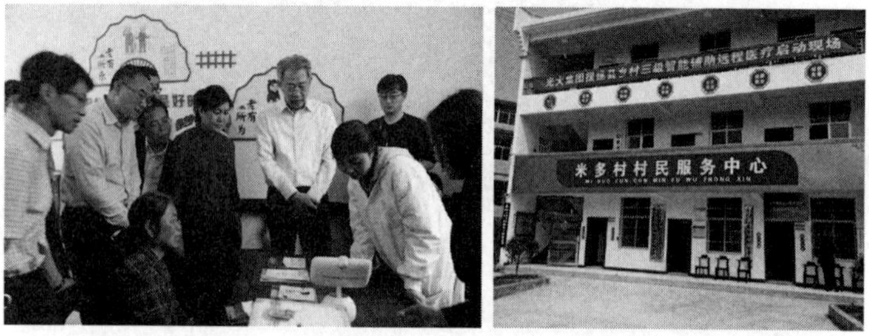

图 42　光大集团党委书记、董事长李晓鹏调研湖南省古丈县远程医疗项目

光大信托积极借助慈善信托的制度优势，引导社会资金参与脱贫攻坚战，目前光大慈善信托产品已形成“光信善”慈善品牌，慈善资金投放涵盖扶贫、济困、助医等各类慈善活动领域，重点投向湖南新化县、新田县、古丈县，甘肃省和政县、临洮县、迭部县，内蒙古自治区察哈尔右翼中旗等国家级扶贫重点区域，其中在甘肃省临洮县建设的梦想教室项目，迭部县中学的数字化图书馆项目广受好评。目前已累计投放用于扶贫领域的慈善信托资金超过 9000 万元，将使 20 万贫困家庭人员受益。

（二）慈善信托扶贫成果

2019 年初，光大信托与光大集团总部及系统内多家兄弟企业联合发起了“定点扶贫慈善信托”系列信托计划，10 个定点扶贫慈善信托项目顺利完成备案并完成向贫困县划款，支出金额达到 4810 万元。2020 年，再次设立光大集团定点扶贫慈善信托，金额达到 3019 万元。

该系列信托计划在湖南省新化、新田和古丈三县开展帮扶项目 66 个，其中产业扶贫 32 个，民生扶贫 13 个，党建扶贫 5 个，金融扶贫 2 个，就业扶贫 3 个，教育扶贫 5 个，文旅扶贫 3 个，其他项目 3 个，助力 82 个贫困村、5.1 万人口全部脱贫摘帽。

除湖南地区以外，光大慈善信托资金还投向内蒙古自治区察哈尔右翼中旗、“三区三州中的甘肃临夏回族自治州”、广东省粤北等贫困山区县乡，项目主要以扶贫济困、助老助残、教育等领域为主。

图 43　甘肃省和政县五保老人关爱行动

在助老扶贫方面，光大信托运用慈善信托计划向甘肃省临夏回族自治州和政县的五保户家庭老人进行捐助，选取和政县义工部落协会作为项目执行人，给当地210户家庭老人提供精神和物质上的帮扶，让老人在冬季不再感受到寂寞和寒冷，为当地政府职能部门分忧，助力贫困问题解决。

图44　梦想教室“建设中”及“完工”现场图

图 45　光大集团党委副书记、监事长朱洪波为新田县梦想教室揭牌

图 46　梦想教室投入使用

2020 年，光大信托与上海真爱梦想公益基金会合作，在甘肃临洮和湖南新田捐赠 70 万元建设 5 间梦想教室，为学校建设了集电脑、图书、多媒体设备为一体，且便于互动式课程开展的教室，并提供梦想课程、教师培训、教师研讨及奖励、学校活动等多方位的课程支持，为这些地区的青少年提供更好的受教育机会。帮助 278 名老师为 6348 名孩子带来优质的素养教育课程。

图 47　“光信善·鸿爱 1 号慈善信托”通过爱德基金会儿童福利综合项目支持近 500 名困境儿童，项目区覆盖江苏省南京市、南通市及湖南省永顺县

三、创新案例：创新驱动，行业引领

（一）国内首个创新实践基地

基于光大信托慈善信托业务的丰富经验和突出贡献，光大信托与中国慈善联合会合作在兰州成立“慈善信托创新实践基地”，双方形成长期稳定的合作关系，共同开展慈善信托的宣传、交流、培训和人才培养等相关工作；积极探索并开展研究项目，研究内容包括慈善信托热点问题、重点政策研究及其他学术研究、专项研究等，共同推动慈善信托事业的高质量健康发展。

（二）蓝帆医疗（国内首单医疗实物救援慈善信托）

在应急救援及医疗领域中，“实物捐赠”可以迅速解决被救

图 48　慈善信托创新实践基地揭牌仪式暨慈善信托培训活动

助人的实际困难，同时减少对捐赠人现金流的影响。在 2020 年新冠肺炎疫情暴发初期阶段，各地急缺抗疫医疗物资，以“蓝帆医疗实物救援慈善信托”为代表的实物类慈善信托通过筹措急缺的医疗物资，积极助力抗疫工作，为助力打赢疫情阻击战发挥了特殊作用。

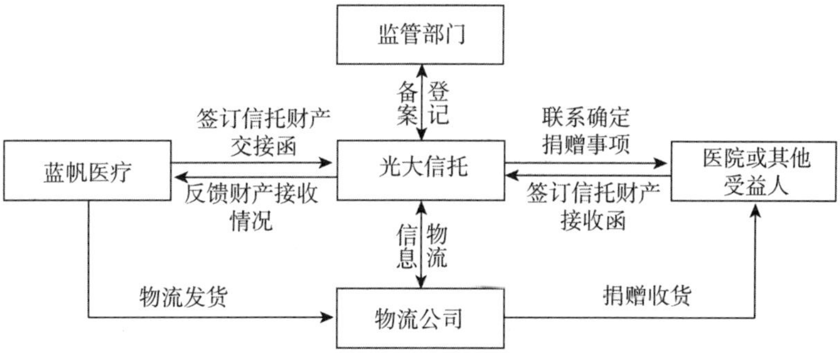

图 49　蓝帆医疗实物救援慈善信托结构图

捐款有价，物资难求。光大信托资本市场与投资总部积极联系医疗生产企业——山东蓝帆医疗股份有限公司，慈善信托办公室迅速行动，报告监管部门并获得支持，于 2020 年 1 月 27 日发起设立国内首单医疗实物救援慈善信托——“光信善 · 蓝帆医疗实物救援慈善信托”，并于 2020 年 2 月 17 日在兰州市民政局完成备案。

图 50　国内首单医疗实物救援慈善信托的背后：正月初一，线上沟通慈善信托方案；正月初三，返京办公，完成立项等工作；正月初四，前往淄博交接物资，安排后续物流事宜

（三）养老金融（国内首单养老服务慈善信托）

2020 年 9 月 5 日，光信善 · 养老金融慈善信托（以下简称“养老金融慈善信托”）在 2020 全球财富管理论坛上首次发布，国内第一个以养老金融为主题的慈善信托正式成立。

养老金融慈善信托是国内首单聚焦养老金融的慈善信托，由中关村华夏经济学基金会作为委托人，光大信托作为受托人，中国养老金融 50 人论坛作为项目执行人发起设立，资金用于支持养老金融 50 人论坛，旨在推动我国养老金融事业的发展，推进养老金融基础建设。

图 51　光大信托慈善办主任乔方亮宣布中国首单养老金融慈善信托成立，并阐述其理念和优势

该慈善信托计划利用“三位一体”模式，充分利用各主要参与方的自身优势，致力于打造国内首屈一指的养老金融公益平台，链接社会各方资源，向我国养老金融领域提供支持，协助建立更健全的养老体系服务，改善整体社会福利水平。

（四）昆山慈善信托 1 号（国内最大单资金类慈善信托）

2019 年 11 月，光大信托成功落地国内最大单资金类慈善信托，发挥央企优势助力慈善资产保值增值。“光信善 · 昆山慈善信托 1 号”委托人及慈善项目执行主体为昆山市慈善总会，该信托总规模不超过 5 亿元，首期到位资金 1.3 亿元，无固定期限。信托资金按照投资范围进行投资，投资收益用于昆山市慈善总会指定的包括但不限于以下项目：“雪中送炭”救急项目、“夕阳红”爱老项目、“手拉手”助学项目、儿童阳光基金项目、“慈善礼包”项目、“一日捐”项目等。

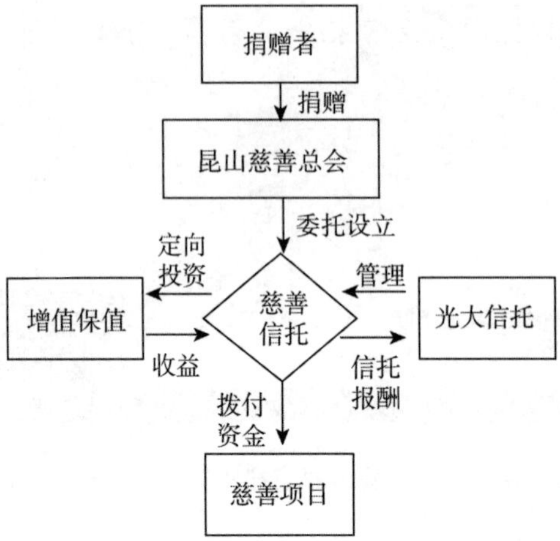

图 52　“光信善·昆山慈善信托 1 号”慈善信托结构图

“光信善·昆山慈善信托 1 号”的落地实施，为慈善组织开展保值增值提供了可借鉴的业务模式，必将进一步促进慈善组织在保值增值领域的各种尝试，真正推动慈善组织的可持续发展。

（五）益善宝（国内首单专业保值增值慈善信托）

“益善宝”产品只对民政部认可的公益慈善机构开放，目前已成功备案三单慈善信托。该慈善信托收取的信托报酬、管理费等全部捐赠至光信公益基金会，基金会将该部分资金作为风险补偿金，支持该系列产品的持续发展。在投向方面，只投资纯债等标准化产品，产品安全性高。若产品存续期之年末或产品清算时，出现产品净值低于委托人出资额，光信公益基金会将向慈善信托拟捐助项目做一定捐赠，以协助委托人实现慈善目的。

光大信托目前已为多家基金会提供慈善资产管理服务，累计投资规模超 1.5 亿元。

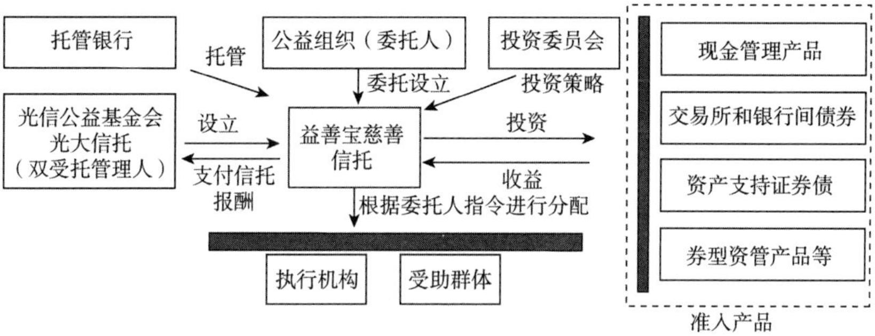

图 53　“益善宝”慈善信托结构图

后　记

为了给社会公众、慈善信托行业、相关政府部门了解慈善信托发展情况、洞悉行业发展难题、分析发展趋势提供数据依据，根据慈善中国（全国慈善信息公开平台）公示数据以及中国慈善联合会慈善信托委员会委员单位提供的有关案例，中国慈善联合会慈善信托委员会组织有关专家编写了本书。

本书历时半年编写而成，力求数据翔实、客观全面、重点清晰。中国慈善联合会副会长兼秘书长刘福清女士、常务副秘书长刘佑平先生指导全书架构，中国慈善联合会慈善信托委员会主任委员蔡概还先生负责全书的统稿及修改工作，相关专家参与了编写工作。

在此，特别感谢长安信托受托成立的“长安慈·繁星点点慈善信托”对本书提供的出版资助。

同时，还要感谢万向信托股份公司李元龙团队、中航信托股份有限公司袁田团队、北京京益社会组织服务中心副理事长黎颖露团队、中诚信托有限责任公司和晋予团队对本书编写工作的大力支持。

编者

2021 年 10 月